杭商研究丛书

杭州产业

HANGZHOU CHANYE YU
—— SHEHUI KECHIXU FAZHAN

与社会可持续发展

周旭霞 ◎ 著

浙江工商大学出版社
ZHEJIANG GONGSHANG UNIVERSITY PRESS

图书在版编目 (CIP) 数据

杭州产业与社会可持续发展 / 周旭霞著 . — 杭州：浙江工商大学出版社，2012.9
ISBN 978-7-81140-619-1

Ⅰ . ①杭… Ⅱ . ①周… Ⅲ . ①产业发展—可持续性发展—研究—杭州市 Ⅳ . ① F127.551

中国版本图书馆 CIP 数据核字（2012）第 230752 号

杭州产业与社会可持续发展

周旭霞 著

责任编辑　郑　建　梁春晓
封面设计　王妤驰
版式设计　梁春晓
责任印制　汪　俊
出版发行　浙江工商大学出版社
　　　　　（杭州市教工路 198 号　邮政编码 310012）
　　　　　（E-mail: zjgsupress@163.com）
　　　　　（网址：http://www.zjgsupress.com）
　　　　　电话：0571-88904980，88831806（传真）
印　　刷　杭州杭新印务有限公司
开　　本　787mm×1092mm　1/16
印　　张　11.5
字　　数　210 千
版 印 次　2012 年 9 月第 1 版　2012 年 9 月第 1 次印刷
书　　号　ISBN 978-7-81140-619-1
定　　价　25.00 元

序

　　自古以来，杭州就是人间天堂，也是当下颇具生活品位的一座城市。生活、工作在杭州的学者，都关注城市社会经济的进步，期盼城市的持续发展，周旭霞就是其中的一位。

　　她从"工业兴市"、"转型升级"到"新兴产业"，用经济学的基本理论分析杭州的产业发展；她对杭州学习型、创新型、生态型"三型"城市建设有许多理性思考，也着墨于"天育物有时，地生财有限"的理论高度，提出"让自带水杯成为一种习惯"的生活建议；她从"公交文明"、"食品安全"等视角呼唤"社会公德"；作为体制内的学者，她呼吁政府更多地"倾听民声、汇集民智"、"不让老百姓的意见白提"，认为这是一座城市社会经济可持续发展的关键。

　　报刊文章看起来容易，写好却很难，要求作者有深厚的理论功底，有广阔的学术视野和敏捷的理性思维，同时，又要有一定的可读性，篇幅受限，语言尺度把握也很讲究，周旭霞还是递交了圆满的答案。

　　期待今后有更精彩的文章，期待杭州有更好的发展。祝福她，也祝福杭州！

中国社会科学院　裴长洪
2012 年 8 月 29 日于杭州

目 录

工业兴市

转型升级

新兴产业

统筹城乡

以民为本

"三型"城市

建设创新型城市是历史的必然选择[1]

建设创新型城市，既是实践科学发展观的需要，也是杭州转变发展方式、保持经济社会良好发展势头的需要。杭州要进一步推进科学发展，加快转型升级，确保继续走在全省前列，关键要靠创新。面对国际金融危机的冲击，科技创新、转型升级已越来越成为决定杭州前途和命运的战略抉择。只有把转变经济发展方式作为贯彻落实科学发展观的重要目标和战略举措来抓，作为经济工作的重中之重来抓，以杭州入选国家创新型城市试点为契机，扎实推进学习型、创新型城市建设，才能进一步增强经济社会发展的活力和动力，才能加快杭州全面建设小康社会的步伐。

一、创新是时代赋予杭州的重任

创新型城市是指主要依靠科技、知识、人力、文化、体制等创新要素驱动发展的城市，对其他区域具有高端辐射与引领作用。创新型城市的内涵一般体现在思想观念创新、发展模式创新、机制体制创新、对外开放创新、企业管理创新和城市管理创新等方面。

杭州作为一座享有盛名的历史文化名城，在当今自然资源和生态环境的双重约束下，唯有创新才能转变发展方式，唯有创新才是杭州调整经济结构、转型升级的有力支撑，唯有创新才是杭州提升城市竞争力和抗风险能力的重要保证。

进入 21 世纪，在经济全球化的进程中，国际竞争更趋激烈，美国、英国、法国、德国、日本、芬兰等都把强化国家创新体系作为国家战略，把科技创新投入作为战略性投资，超前部署和发展科学研究前沿的高技术及其战略产业，实施国家重大科技规划，以增强国家创新能力来提升国际竞争力。2004 年 12 月 15 日，美国竞争委员会发表了一份题为《创新美国》（*Innovate America*）的报告。这份报告指出："创新是美国的灵魂，是确保美国在 21 世纪领导地位的非常重要的手段。"报告断言："创新才是决定着

---

[1] 本文发表于 2010 年 2 月 11 日《杭州日报》第 A11 版《建设创新型城市是历史的必然选择》。"吉利"、"江素"和"李樱之"均为本书作者笔名。除专门指明作者外，其余所有文章均为本书作者原创。

美国在 21 世纪中取得成功的、唯一最重要的因素，美国未来 25 年内的课题是完善社会结构，促进发展创新。"

改革开放 30 年来，我国经济实现了年均 10% 以上的高增长率，综合国力大大增强，人们的生活显著改善，巨大的成就令世人瞩目。但一旦深入探究经济高速增长的因素，一些问题也就随之显现。经济快速增长主要依靠资金、劳动力的拉动，即是传统的生产要素投入促进了我国的经济增长，而作为世界经济领头羊的美国和日本均是以技术进步为主要因素带动的，当今世界经济正转向以知识经济为主导的模式，知识和技术对经济增长的贡献已经超过资本、劳动力和自然资源的贡献，成为最主要的增长因素，经济增长比以往任何时候都更加依靠创新与科技进步。

2006 年 2 月，中共中央国务院《国家中长期科学和技术发展规划纲要（2006－2020年）》，提出"增强国家自主创新能力，建设创新型国家"的任务，这是党中央在复杂多变的国际局势下审时度势，在激烈的国际竞争中高瞻远瞩，作出的我国经济社会发展的重大战略决策。要把提高自主创新能力作为调整经济结构、转变增长方式、实施循环经济、构建和谐社会、保障可持续发展、提高国家竞争力的中心环节。

二、营造良好的创新环境

谁是创新的主体呢？一谈及创新的话题，很多人认为创新就是发明新技术、生产新产品，创新的利润自然属于企业，创新的主体理所应当由企业承担。一项成功的创新能够获得丰厚的利润，展现生产过程的"微笑曲线"早就向世人说明：设计创新拥有最高的附加价值。并且，近年来，创新还受到了党和政府及社会各界的高度重视，但是，为什么企业（或其他组织和个体）创新的积极性并不高涨？创新状况依然不容乐观？其实，创新尤其是技术创新具有很高的风险性和很大的不确定性，不同的创新阶段，具有不同的风险概率。据统计，一项具体的技术创新，往往要分成三个阶段，一是实验室样品阶段，其成功率一般低于 25%；二是中试阶段，成功率为 25%－50%；三是商品化或产业化阶段，成功率在 50%－70%，整个创新运行的成功率只有 10% 左右。如果创新失败，所投入的成本将成为沉没成本。由于科学研究的探索性和市场需求的多变性，创新过程也是多样的，它因项目而异，在目标选择、方案设计、计划制定、投资安排、技术扩散等环节上都没有固定的模式可循，对于企业而言，创新不仅要求单纯的技术上的突破能够实现，还要考虑创新成果在经济上实现的可能性，检验创新的成功与否的最终标准在于市场的实现程度和企业商业利益的大小。此外，创新还存在财务、政策、生产等方面的不确定性，因而，创新活动的风险性、市场性、不确定性及非常规性，严重影响了企业独立承担创新活动的积极性，从而导致市场对创新资源配置的失灵。所以，成功的创新取决于多元的主体协作和良好的创新环境。

三、共同参与创新型城市建设

英国经济学家克里斯托弗·弗里曼1987年在考察日本时发现，日本的创新活动无处不在，创新者包括工人、技术人员、管理者、政府等。弗里曼发现，日本在技术落后的情况下，以技术创新为主导，辅以组织创新和制度创新，只用了短短几十年的时间，就成为世界第二大经济强国。

与单纯的创新或技术创新相比，创新型城市的内容更加丰富，不仅要求城市中各种产业技术的不断创新，还包含了政府行政中各项管理的创新，城市居民生活方式的创新，城市运作商业模式的创新以及发展理念、思维的创新；创新的过程更加复杂，城市创新是一项系统工程，在这项系统工程中，各个主体、各个环节、各个阶段都有其内在的联系，表现为不同主体要相互配合，不同环节要有机运作，不同阶段应彼此衔接；创新的任务更加艰巨，由于城市创新涵盖的范围广，涉及的主体多，所需的资金大，降低创新成本、化解创新风险、提高整体创新功效等要求更为迫切，创新型城市的建设，还需要健全政府管理的创新机制、培育企业创新的积极性、增强市民的创新意识和搭建创新的基础平台；创新型城市建设是一场精细战、持久战和全民战，建设创新型城市，应弘扬脚踏实地、把小事做细的精神和理念。正如《论语·子路》中所言，"无欲速，无见小利。欲速则不达。见小利，则大事不成。"创新型城市的建设，不是短期的、运动式的一项任务，而是杭州发展的根本和城市永久的目标。一座创新型城市的诞生，单一创新主体或政府、或企业、或个体均难以完成，创新的主体依赖于杭州全体的市民和新杭州人，正如黄坤明书记所强调的，唯有共同参与，唯有齐心协力，唯有共建方能共享。

实现继承传统与改革创新的良性互动[1]

继承与创新的矛盾由来已久，在经济全球化、文化多样性和中国社会急剧转型的背景下，这一矛盾被畸形放大，导致尖锐冲突。在综合国力日益强盛、大国理想逐渐复苏并且开始自觉进行文化建设的今天，社会上悄然涌动着一股回归传统的思潮。美国当代社会学家希尔斯认为："传统意味着很多东西。……决定性的标准是，它是人类行为、思想和想象的产物，并且被世代相传。"比如传统深厚的文化艺术一直承载并滋养着中华民族的思想精神，在中华文明的发展进程中作为原动力推动着民族文化的发展，它所创造的精神价值远远超越了艺术本身。比如国学热具有极强的精神感召力，与高速增长的经济实力相互砥砺，使得当前中国文化在精神面貌方面呈现出一种与改革开放初期的全盘西化倾向迥然而异的景象。

忽视对传统的继承，就可能会丧失自身的风格特点，寻找传统是为今天的存在寻找依托，为明天的继续发展寻找根基。传统从来就不是静止的、完整的、界限清晰的、随时可以取得的一团实体，无论是从时间、空间、阶层等各个维度上看，它本身一直处于变动之中。所以，要破除对于传统的本质主义迷信，固守传统不发展创新，则可能会陷入钝化乃至消亡。社会虽然出现回归传统的思潮，事实上我们再也回不到已经消逝的过去，历史是一条流动的长河，既有过去，也有未来，需要我们对传统保持敬畏之心，对某些依然有效的传统价值观进行践行。事物的发展规律也告诉我们，新生事物总是与曲折和幼稚相伴相生，在不断的"自我扬弃"和"外力"的促进下，走向完善。继承传统，发扬传统，在传统的基础上进一步发展创新。继承与创新，是发展的必由之路。

社会主义核心价值体系是历史优秀传统价值观的继承与发展。实现传统价值观在当代的承接与转化，不断丰富社会主义核心价值观建设的内容，是时代赋予我们的历史重任。在弘扬社会主义核心价值观、推进学习型城市建设的今天，需要寻求继承传统与改革创新的契合方式，实现传统与创新的良性互动，从而更好地推动杭州社会经济的全面发展。

---

[1] 本文发表于 2011 年 6 月 6 日《杭州日报》第 07 版《实现良性互动》。

解放和发展社会生产力[1]

在隆重庆祝中国共产党成立 90 周年大会上，胡锦涛总书记提出"生产力是人类社会发展的根本动力。我们党是以中国先进生产力的代表登上历史舞台的。党的一切奋斗，归根到底都是为了解放和发展社会生产力，不断改善人民生活。"胡锦涛总书记在 90 周年大会上强调"解放和发展社会生产力"这个问题，具有非常特殊的意义。马克思主义的基本观点认为，生产力是最活跃、最革命的因素，是社会发展的最终决定力量。生产关系与生产力相适应，生产力才能日新月异、蓬勃发展；反之，就会徘徊不前、阻碍甚至破坏生产力的发展。今天，得益于党领导的改革开放，我国社会生产力以前所未有的速度迅猛提升，创造了大量的社会物质财富。可同时，生产力的解放和发展的过程是一个受多种因素共同作用的复杂过程，它不仅受思想解放程度、科技发展状况、经济管理水平的影响，而且受体制制度优劣的影响。当前，迫切需要进行体制制度的整合、激励、规范和协同，生产力解放和发展的历史重任要求体制制度的不断创新。一个良好的体制制度应在不同的发展阶段都能促进社会生产力的发挥和不断自我更新，政府需要在更多领域进一步开放，减少垄断，创造更公平、更具可预见性的发展环境，提高经济运行效率，远离社会分配的"亚健康状态"。

一个政党只有敏锐地把握社会生产力发展的趋势和要求，与时俱进，不断适应和促进先进生产力的发展，才能保持旺盛的生机和活力。唯有进一步解放和发展社会生产力，经济才能保持持续的增长，民众的福利水平才能提高，民族才能走向更辉煌的文明。

---

[1] 本文发表于 2011 年 7 月 11 日《杭州日报》第 B07 版《解放和发展社会生产力》。

促进企业创新成长的政策支持

市委、市政府在《关于实施创新强市战略，完善区域创新体系，发展创新型经济的若干意见》中指出，发展创新型经济最根本的是要依靠科技的力量，最关键的是要把增强自主创新能力作为战略基点，突出企业主体地位，着力强化发展创新型经济的原动力。

创新是经济增长中最为强劲的"发动机"，世界强国无不依赖技术的不断进步而发展。企业作为经济的中流砥柱和持续发展的依托，一直以来受到政府的高度重视。近年来，杭州市委、市政府出台了各项扶持政策，企业创新能力不断提高，如2011年杭州有效发明专利居省会城市第一。然而由于知识和技术的规模报酬递增性，导致发达国家与发展中国家的经济发展差距越来越大，知识和技术积累能力的自增强机制使后发国家落入始终追赶发达国家的"陷阱"；再加上技术进步（自主研发和技术扩散）过程的风险性和局限性制约，自主创新的巨大风险削弱了企业创新的意愿，致使部分企业仍然没有脱离以量扩张的模式，技术锁定特征非常明显。政策是影响企业发展战略的重要变量，现实中，众多成功创新的经验证实：明确的政策指向和良好的市场机制两者缺一不可。因此，灵活的政策倾斜和强有力的制度保障是促进企业创新成长、发展创新型经济的重要保障。

一、增加民众收入，扩大创新产品需求

市场需求与企业创新唇齿相依。企业创新能否实施的最根本、最关键、最有效的因素是创新成本与收益的权衡比较。如果创新预期所获得的市场份额不足以弥补创新支出时，企业就不会尝试创新。只有当新产品具有规模效益收入以及消费者有足够的购买需求时，企业研发等高级要素投入才能最终转化为创新的收益。从宏观层面来看，市场需求空间是决定产品生产要素投入的价值和增值活动能否最终得以实现的关键因素。通过扩大市场需求容量，以"需求引致创新"，才能从根本上激发与实现企业的持续创新。收入实质上是影响社会购买力规模与结构的决定性因素。目前，粗具规模的中高收入阶层可以为新产品提供有效的市场需求，从而激励企业的产品升级活动，而另一方面，大量中低收入阶层的消费能力又抑制了创新产品的市场规模，降低企业创新活动的盈利能力。因而，任何试图促进或激励企业创新的政策措施，从最核心、最根本的角度来看，都不能脱离对现阶段民众收入与收入分配结构的考虑。推动创新不应仅仅局限于激励企

业研发投入和产业调整的各种优惠政策，而应将视野拓宽到如何增加收入、调节分配机制和改善需求结构，增强对企业创新活动的诱致功能，形成自主创新的内在激励机制，这就需要增加民众的收入，改良社会分配制度，同时建立一个能够适应经济形势重大变化、具有出口和内需兼顾、转换功能的需求支撑体系。

二、降低技术依赖，摆脱低端增长黏性

工业化初中期，通过承接国际跨国公司的"代工"和"服务外包"项目，有利于较快地融入国际生产分工体系，从而实现跨越式发展。但跨国公司出于追求垄断利润和政治等原因，只将产品生产链中附加值低的生产环节转移到我国。随着生产规模的扩大，低端产品所引起的耗能耗材、生态环境问题却日益严重。伴随着人口红利下降、资源环境压力增大、成本优势逐渐丧失等现实，企业普遍感受到生存和发展的压力。一些企业停留在代工和服务外包环节，增长的隐性成本已大大高于显性效应，赚的是低利润，过的是"温吞"日子。

技术依赖远比资金依赖和市场依赖更加难以摆脱。跨国公司既希望利用低成本优势获取多的价值链分工利润，同时又提防代工企业向价值链高端攀升，往往会利用种种手段来封锁和压制，使得代工企业容易被锁定于微利化，陷入创新能力缺失的非意愿恶性循环。

创新作为一项复杂而艰巨的工程，并非一蹴而就。核心技术特别是前沿和战略技术是引进不了的，政府需要引导企业不依赖惯性生存，清醒地意识到低端制造业的风险，及时转变观念，把创新视为企业手中掌握的"核心武器"，充分了解和挖掘市场需求，在技术、管理等方面力求实现突破，提高发展的质量与效率，摆脱低端增长的黏性。

三、优化扶持方式，增强资金杠杆作用

目前，无论是研发项目还是产业化项目或者技改项目，财政资金还是以无偿资助为主。这种方式对于降低研发阶段风险作用较大，但对根本上解决企业融资问题，特别是发挥财政资金的杠杆作用意义不大，这也是造成目前财政科技投入增长较快而企业研发投入增长较慢的重要原因。对于大中型企业，政府财政投入对企业的主体投入产生了替代和挤出效应。

增强资金杠杆作用，即追求单位财政资金支出撬动社会资金投入自主创新的效果最大化。可积极探索投资引导基金、融资担保、财政科技周转金、财政贴息、政府购买、

企业回购等多种扶持方式。一是加强创业投资引导基金的引导作用，推进创新创业投资体系的发展。二是建立担保机构资本金补充和多层次风险分担机制。三是探索设立财政科技周转专项资金。由专门机构负责评估，政策性银行具体操作，也可与商业性银行按一定比例绑定贷款。主要采取无息或低息方式对具有市场前景的自主创新项目或成果转化项目提供资金支持。成果进入商品化阶段以后，归还资金。既解决企业融资困难问题，又可以提高资金使用效益。四是尝试政府购买、企业回购模式。对于企业的自主研发项目，根据研发经费规模，政府出资购买研发项目，并对创新活动实施监督，研发成功后，按财政出资额由企业购回创新成果或专利技术。或由政府出资购买企业创新成果或专利技术，提供给相关企业使用，使用创新成果的企业在取得收益后，按财政出资额购买创新成果或专利技术。

四、尊重知识产权，构建"产学研"平台

尊重知识产权是创新的基础。知识产权制度赋予了创新者享有法律上的权利，阻止他人未经权利人许可而使用，从而成为保护创新者的权益、激励创新意愿和行动行之有效的一项制度。中日龙电器制品（杭州）有限公司的杨炼坦言，"一定要保护知识产权，严厉打击盗版、抄袭。国内盗版太多了，自己辛辛苦苦的研究成果得不到保护，没有人会认认真真搞研究的。"综观全球，凡是科技发达、创新突出的国家，都十分强调知识产权制度的健全与完善，强调知识产权的尊重与保护，知识产权创造、运用、保护和管理的能力，这在某种意义上反映了一个城市的创新水平。

要促进产学研联合互动，需要紧紧围绕企业的需求。杭州约80％的研发人员集中在高校和科研机构，在现有体制下，科技成果的评价标准还是重"技术价值"轻"市场价值"，这与企业的目标发生冲突。一些企业在自身缺乏技术力量情况下，对合作项目是否能够真正形成自己的核心技术产生疑虑。因此，在鼓励高校、科研机构研发人员走进企业的同时，也可以把行业界的著名专家、研究人员、高级管理人员等多渠道地引进到高校、科研机构中，通过目标、文化、习惯的磨合，逐渐形成产学研内部有效的激励机制。杭州已经有很多企业与高校、科研机构建立了稳定的产学研合作关系。杭州九源基因工程有限公司充分利用博士后工作站及现有的技术平台，联合招收、共同培养博士后研究人员，通过博士后技术的支持，建立了基因工程新药研发平台，并初步构建了化学药品研发平台，提升了公司整体科研实力，成效非常显著。

五、培育创新文化,激发企业创造活力

美国著名的学者伊顿曾经预言:"在不久的将来,我们国家的最高经济利益,将主要取决于我们同胞的创造才智,而不取决于自然资源。"伊顿的预言在今天已经成为现实。随着资源紧缺加剧、能源价格急剧上涨,杭州未来发展的动力将取决于城市的创新能力。创新型城市建设不仅需要一定的工业基础、资本与人才,更需要城市的创新文化提供精神动力。创新产生于适宜的文化氛围里,成长于民众理解和支持的社会环境中。比如形成"鼓励成功、宽容失败"的社会氛围,个人创新表达自由,企业创新主体地位突出,政府积极鼓励与支持创新行为,一切有利于城市进步的创造愿望得到尊重等等。

政府和企业是推进创新两种不同的力量。但仅靠政府的意愿是不够的,必须激发企业的积极性。从根本上说,企业是创新的主体,离开了这一微观基础,创新便成了无源之水、无本之木。只有企业主动创新,并具备创新的能力,才会推动创新的进程。一个企业能否进行创新以实现技术领先,这与企业家的技术战略理念及领导素质紧密相关。在强调财政资助和税收优惠的同时,不应忽视企业创新文化和企业家精神的培养与激励。因此,应当尽快构建合理的企业间人才选拔机制和继续教育体制,培养企业经营者自主创新、主动创新的长远目标;设置激活企业创新意愿的激励政策,提高创新补贴的激励效应;完善创新的退出机制,如民营企业转向服务业时,现有土地性质能否顺利转换等问题;将政策扶持的重点放在技术创新、品牌创新、管理创新和集约发展、规模发展、科学发展上,从而实现杭州企业创新的重大突破。

六、加强外部监督,建立创新信用机制

随着自主创新支持资金的逐年增加,企业申请创新补贴时出现逆向选择现象。由于技术评价体系与信息披露机制存在一定缺陷,企业技术创新信息并不透明,可以释放虚假信号来获取政府的创新补贴,如通过招聘兼职、顾问等方式聘请不参加实际工作的"研发人员",将院士、教授和研究员挂到企业名下;购置日后并不使用的先进研发设备等。虚假信号可能达到欺骗政策的目的,从而严重削弱政府创新补贴的激励效应。

由于创新补贴是企业与政策制定者之间进行反复博弈最终形成的,因此,政府应设计事后的科研成果评价体系,增加企业创新补贴的"违约成本"。如果创新成果与事前承诺的不符,没有实现先期的自主创新目标,企业就会因此受罚,这对于释放虚假信号的逆向选择行为具有威慑作用。当然,科技评价和评审机制的设计,要体现公平、公正、公开的原则,防范"关系户评审"和寻租行为的出现,应完善同行专家评审机制,

建立评审专家信用制度，加强对评审过程的监督，扩大科研成果评审活动的公开化程度和被评审人的知情范围。

减少企业的逆向选择行为，急需建立企业创新的信用机制。由于考虑到自身在创新方面的"声誉"，企业会仔细权衡释放虚假信号以获取短期收益与释放真实信号建立声誉并获取长期收益两种选择的利弊得失。设计一个长期、动态的企业创新补贴和资助计划，建立企业申请创新补贴的信用记录，就显得尤为必要。建立稳定支持企业创新、尤其是重大自主创新的科技投入机制，在法律法规层面将企业创新补贴纳入制度化轨道，使对企业技术创新的支持和资助有法可依，有规可循。

七、完善退出机制，设立企业援助基金

经济发展是一个"创造性的毁灭"过程，低效企业的不断退出与新企业的持续进入共同构成了经济增长的源泉和动力。如果企业不能顺利退出，意味着部分生产要素被闲置或被迫低效益使用，生产要素所有者的利益就会受到损害，社会利益关系就倾向于对立和矛盾激化，社会易趋向于不稳定。

有序的市场竞争及其产生的优胜劣汰机制，使社会资源流向更具高效率的产业和企业之中，从而使宏观经济增长方式逐渐朝集约化方向收敛。由于退出障碍的存在，市场机制在克服产业退出障碍方面作用十分有限。退出既涉及企业利益，也涉及社会福利，具有较强外部性的活动，退出不仅涉及经济资源的配置，还涉及劳动力就业、社会安定等广泛的社会政治问题，再加上企业曾经对社会做出过贡献，因此，政府有责任帮助其找到出路和归宿。可以组建企业救助机构，由市、区（县）各级发改、经贸、产业、金融等部门构成，职责是制定援助政策、制定企业退出方案、协调企业退出行动、组织实施企业退出。由政府设立专项退出援助基金予以支持，政府可以对退出的企业给予优惠待遇，如企业若封存和淘汰设备，在进行新投资时，就可以按比例得到优先或优惠贷款，或采用特别折旧率，或者给予一定的资金补偿，后一种做法有时也采取政府向企业"购买"旧设备然后将其废弃的方式，即所谓的"收购报废"方式。退出援助基金还可以用来作为职工再就业培训的费用和待业救济金等。退出基金可由财政出资一部分，从现有企业按一定的比例提取一部分，银行保险等金融机构筹集一部分构成，主要用于克服退出障碍支出、在退出产业领域导入新产业的资金支撑，以及用于职工的再培训等，基金可实行开放式金融化运作。

杭州推进学习型城市建设的基础[1]

城市作为经济、政治、文化、信息、交通等的中心和枢纽，其发展的根本动力来源于不断地创新，而创新能力的增强依赖于先进文化的引导和支撑。学习是获取新知识、提高智能的基本途径，只有将先进文化转化为创新能力，全面推进思维创新、理论创新、体制创新、科技创新和管理创新，才能为城市发展不断注入新的活力。推进学习型城市建设，是杭州应对经济和科技发展挑战，增强城市综合竞争力，提升城市文明程度，为城市发展提供持久动力的战略选择。

早在 2002 年 12 月，杭州市教育局起草、杭州市政府正式下发了《杭州市关于构建终身教育体系　建设学习型城市的实施意见》的文件，明确了杭州市社区教育和创建学习型城市的指导思想、目标任务及保障措施，为杭州勾画了处处有学习场所、时时有学习机会、人人有学习愿望的美好蓝图。杭州"十一五"期间，牢固树立和认真落实科学发展观，以提高人民生活水平为根本出发点，以既好又快发展为主题，以"转型、提升"为主线，以改革创新为动力，推进"五大战略"，破解"七大难题"，打造平安杭州，构建和谐社会，打响"经济强市、文化名城、旅游胜地、天堂硅谷"四张"金名片"，为建设学习型城市奠定了坚实的基础。

一、崇尚知识是杭州建设学习型城市的本质追求

学习是一个人获取知识、提高智能、增长本领的重要方式，是一个民族传承文明、提高素质、繁荣进步的重要途径，更是一座城市薪火相传，生生不息，不断发展的动力。杭州是一座充满历史文化底蕴的城市，也是一座人才荟萃、开放创新的城市，杭州自古以来就有崇文重教，善于学习创新的传统，"文脉相袭、学养天堂"是杭州的文化承载。人文内涵给杭州以高尚品味，学养底蕴给杭州以超然气质，知识智慧给杭州以卓越眼界，创业创新给杭州以时代活力，学习是杭州历史文化的精髓，更是杭州形成发展优势的灵魂。新世纪是以知识为基础，以知识资源为主导，以人才为本的新经济时代。随着知识和技术创新在经济社会发展中的作用日益突出，知识老化速度加快，在这种背景下，不论劳动者个人还是组织乃至一个地区和国家，如果不能及时地学习和掌握最新知识，并将其物化为满足人们需要的新产品或新服务，就难以生存和发展。正如经济合作与发展组织（OECD）在关于以知识为基础的经济年度报告中所指出的："在知识经

[1] 本文发表于 2010 年 10 月 7 日《杭州日报》第 07 版《夯实杭州建设学习型城市的基础》。

济中，学习是极为重要的，可以决定个人、乃至国家的命运。"崇尚知识的杭州正是在学习中不断前进，不断迎接挑战。杭州在构建终身教育体系、打造"天堂硅谷"、推进"科教兴市"、构造人才高地等方面，已经取得了阶段性成果，实现自己新的发展。

二、创业创新是杭州建设学习型城市的推动力量

改革开放以来，杭州涌现出了许多在浙江、全国乃至世界都具有影响力的企业家群体，众多民营企业已经成为全国企业的"排头兵"、"领头雁"和"先行者"，以马云为代表的年轻一代企业家，已是全球化、互联网的代言人，是新经济的杰出代表。在致力于创新创业环境营造，注重高科技创新企业培育的氛围里，杭州一大批高科技企业脱颖而出，杭州高新技术开发区、杭州下沙经济开发区、国家动漫产业基地等粗具规模，软件开发业、信息制造业和电子信息服务业均呈现良好的发展势头。从产业结构调整来看，三次产业结构由 2000 年的 7.3：51.6：41.1 调整为 2009 年的 3.7：47.8：48.5，经济增长已明显形成由第二产业为主转向二、三产业共同带动经济协调发展的新格局；从劳动者素质来看，知识密集、技术密集的岗位和就职人员不断增加，知识技术型的劳动投入产出比不断上升，美国管理思想家戴维斯曾经预言："21 世纪的全球市场，将由那些通过学习创造利润的企业来主导"，智力开发和智力投资在促进生产力发展方面越来越起到举足轻重的作用。杭州适时提出建设学习型城市的构想，是应对知识经济的挑战和城市能级的转换的明智之举。勇于创业创新的民营企业、不断更新的知识需求是杭州建设学习型城市的强有力的助推器。

三、社区教育是杭州建设学习型城市的重要基石

自 1998 年起，杭州市将面向社区居民的社区教育纳入了政府和教育部门的工作议程，同时也纳入了终身教育和建设学习型城市的框架。杭州初步建立了政府统筹领导、教育部门主管、社会各界支持、社区自主发展、群众广泛参与的社区教育管理体制，建立了独立社区学院的城区社区教育运行模式和依托电大建立社区学院的农村社区教育运行模式；实现了"政府推动力、部门协作力、市场运作力、社区自治力、群众参与力"相结合的社区教育运行机制；开放中小学活动场地和其他教育资源，以盘活教育资产、挖掘教育资源、开发新的教育资源等方式，建立了社区教育的网络基地；采取"政府拨一点、社会筹一点、单位出一点、个人拿一点"的办法多元筹措教育经费，设立了社区教育基金，形成专、兼职和志愿者互补的师资队伍；开展各种终身教育学习活动，如

"市民英语节"、外来人员"学习与创业论坛"、"读书会"等，市民在"教育超市"中可自由选择培训学习项目。成立了社区教育专业委员会，组织开展提升市民素质工程以及学习型组织、百个职工教育示范基地创建活动，推进杭州学习型城市建设。

四、人文环境是杭州建设学习型城市的有效支撑

杭州自古以来就拥有健康、文明、精致的人文环境，曾先后荣获"国际花园城市"、"联合国人居奖"等多项荣誉称号。中国国际动漫节、西湖博览会等重大文化活动在国内外已享有盛誉。杭州拥有浙江大学、中国美术学院等在全国知名度高的名牌大学。目前已形成由幼儿教育、基础教育、职业教育、高等教育、成人教育和校外教育组成的教育体系，形成了以教育部门为主体、企事业单位和农村集体以及区街个体相结合的多元化办学格局。至2009年底，全市学前三年幼儿入园率为97.4%，小学入学率和初中升学率均达到100%，初中毕业生升入各类高中比例达到99.1%；普通高等院校36所，在校学生42.98万人，其中在校研究生3.57万人；高等教育毛入学率提高到53.58%。杭州的文化事业也不断发展，先后建成16个公共图书馆，13个文化馆，62个博物馆、纪念馆，全国重点文物保护单位24处（群）。形成市县乡三级电影发行、图书发行、文化馆站等网络体系。杭州市工会积极组织"创建学习型组织、争做知识型职工"活动，注重加强企业职工职业道德、技能素质和文化建设，一大批学习型、知识型、创新型的单位、班组、职工脱颖而出。近五年来，杭州市共涌现出全国先进14个，浙江省先进54个，市级先进542个。杭州市总工会2009年还荣获了全国"创争"活动优秀组织单位奖。到2009年底，全市已创建学习型单位9962家，学习型班组25686个，知识型职工61285名。这些都为杭州建设学习型城市创造了良好的人文环境。

五、城乡统筹是杭州建设学习型城市的重要目标

杭州和全国一样也一直呈现"东强西弱，东快西慢"的发展态势，城乡分割的二元经济现象虽然自改革开放以来有所改变，但是差距还是非常之大，如杭州五县（市）土地面积占全市的81.5%，而2008年地区生产总值只占全市的20.8%。如何缩小农村与城市的差距？杭州市委、市政府旗帜鲜明地提出了以新型城市化为主导，进一步加强城乡区域统筹发展的实施意见。新型城市化首先要考虑人的因素，长期以来农村—农业，城市—工业的经济格局，实际上把居民人为地分成了两个不同的社会利益集团，市民与农民两种不同的身份和待遇，造成农业劳动生产率低下，同时由于缺乏竞争和致富

渠道，部分农民容易产生消极情绪，进取精神不够，农村贫困化现象难以得到内生性解决。要实现城乡统筹，城乡一体化发展，迫切需要改变农民的生产生活方式，从满足农民的物质和精神需要出发，增加和完善各种文化设施和基础设施，提高农民的整体文化素质，才能实现由农民向市民的根本性转变。学习是提升农民素质的有效也是唯一途径。学习既是城乡居民有组织的共同的社会行为，是联结城乡居民的精神纽带，也是铸就城市文化，构造现代生活方式的基本要求。美国著名学者英克尔斯指出："无论一个国家引入了多么现代的经济制度和管理方法，也无论这个国家如何仿效现代的政治和行政管理，如果执行这些制度并使之付诸实施的那些个人，没有从心理、思想和行为方式上实现由传统人到现代人的转变，真正能顺应和推动现代经济制度与政治管理的健全发展，那么，这个国家的现代化只是徒有虚名。"因而，建设学习型城市是统筹城乡的逻辑起点。

六、数字网络是杭州建设学习型城市的科技保障

信息本身就是知识，掌握信息、处理信息就是一种学习。现代网络技术的发展，为信息的贮存、传播与利用创造了新的条件，学习者能够在浏览、搜索信息时进行个性化的学习，并能在学习中与他人进行平等的互动与交流，使学习能够更自主、更快乐、更平等、更及时、更有效。充分利用现代网络技术，能为学习提供更丰富的资源和更便捷的条件。作为"天堂硅谷"的杭州，是我国三网合一的试点城市之一，杭州的网络基础和信息化水平位居全国前列。在杭州，云集了阿里巴巴、中国化工网、中国化纤网等享有盛名的电子商务网站；电子政务、各种应用软硬件业务蒸蒸日上；杭州电信宽带用户已超过150万，杭州网民率先进入了"光宽带时代"。这些都为建设学习型城市蓄积了巨大的技术潜能，为各类学习型组织架设了一条信息化桥梁，创建学习网站，传递学习信息，汇聚学习资料，在学习中及时交流与互动，从而开启创新性的思维。网络技术为杭州建设学习型城市提供了科技保障。

杭州在构建终身教育体系、建设学习型组织方面，已经付出了多年的努力，通过加大对教育的投入、拓展从学前教育到高等教育的学校教育、加强职工和农民教育、大力发展社区教育、鼓励和促进社会力量办学、建立相互沟通的开放式的现代教育学习制度等；在构建从学前教育到老年教育、学校教育到社会教育的终身教育体系等方面，也取得了一些成效。"十一五"期间，杭州学习型城市建设已奠定良好的基础并初现雏形，但学习型城市的内涵和外延，比终身教育体系、学习型组织要丰富得多，学习型城市的

建设是一个动态发展、不断提升的过程。学习型城市是一种新的城市发展模式，体现了管理层发展城市思维方式的转变和视角的转移，即从以往的注重外在的、物化的、表象的范畴转向注重内在的、灵魂的、深层的城市发展战略。学习不仅是个人生存、发展的前提，也是一种价值取向，并且强烈地影响和引领主流社会价值取向的形成。从某种意义而言，学习是引导社会进步、城市发展、个人成长最主要的渠道。学习是人类永恒的话题，一个善于学习的城市，必将是一个充满希望和活力的城市。今天，杭州正站在一个新的历史起点上，回顾"十一五"，成就辉煌，为学习型城市建设奠定了良好的基础；展望"十二五"，任重道远，学习型城市建设必将助推杭州新的起飞。

读书是最重要的学习形式[1]

在一个很重视教育的国度里，人们非常崇尚知识、热爱学习。或许是随着生活节奏的加快，人们的工作和生存压力加大；或许是电子媒介的发展，受娱乐文化、视觉文化的冲击增加，现代人传统的读书习惯似乎越来越少了。很多人认为，通过网络、电影、电视等方式同样能获取知识，不读书也行，其实这是一种非常片面的认识。

因为，读书不仅是获取知识、开阔视野、提高自我的一条路径，更重要的是学会更深入、多角度去思考问题。当你入神读一本书的时候，你的思路在追随着作者的逻辑，你是与作者在交谈，和作者一起思考，有位学者这样描述过："阅读等于不断扩大精神世界的触觉。读什么书，就是跟什么人在对话，这种对话虽然是无声的，但所有的间接经验或者人类共有经验都是通过这种方式来传播的。"读书有助于洞悉事物的本质，增添理性的认识。

多数孩子喜欢上网、看电视，既有声音又有画面，网络、电视的确能够帮助孩子汲取知识、认识外部世界，但丰富的视觉容易扼杀孩子的想象力，孩子精力饱满、思维活跃、想象力特别丰富，如果画面和声音已经给了孩子一切，就不需要去想象了，而想象力是培养孩子思考能力的关键。对于孩子而言，读书也是一种无可替代的学习方式。

---

[1] 本文发表于 2011 年 4 月 25 日《杭州日报》第 15 版《在世界读书日聚焦学习型城市建设——"建设学习型城市与世界读书日"座谈会侧记》。

一次性纸杯的安全隐患[1]

大多数中国人都经历过节俭的日子，如今却难得有人没有用过一次性用品。随着生活节奏的加快，像一次性纸杯一类的用品，在饭店、超市、办公室、银行、家里等随处可见。一次性纸杯给人的印象是方便、卫生，但却存在很大的安全隐患，特别是质量不合格的纸杯甚至可以说暗藏杀机。

一、纸杯为什么能不渗漏？

当今，市场上的纸杯主要有三种类型。

第一类是一些快餐店中用来装爆米花、薯条、鸡翅等干炸食品的纸杯，一般是用白卡纸做的，主要用于装干东西，相对比较安全，但缺点是不能盛水和油。

为了防止水渗透，纸杯的内壁上通常涂了一层薄薄的食品用蜡，这是第二类纸杯，许多快餐店用这一类杯子装碳酸饮料。食品用蜡浸泡过的纸杯厚实、防水，摸起来很光滑。在低温时，这种蜡非常稳定安全，可一旦水的温度超过40℃，蜡遇热就开始融化，因此，涂蜡纸杯通常比较适合装冷饮。即便是水温高溶解了纸杯上的蜡，一般情况下，食品用蜡对人体也不会造成危害。纸杯有热饮杯和冷饮杯之分，美国等发达国家通常按照纸杯的耐温度指数，将其分门别类，杯子上也都有明确标志，提示消费者应该在怎样的一个温度范围内使用。

现在使用最普遍的是第三类纸杯，在银行、医院、会议室，甚至是在家里的客厅，一次性纸杯的使用率之高不难想象，可以说凡是有饮水机的地方一般就会有一次性纸杯的身影。平时好像也没有多少人在意纸杯的原理及其安全性。一次性纸杯外面是一层纸，杯子里面其实是一层塑料薄膜，类似于超薄塑料袋，原材料是聚乙烯。这就是纸杯装上水、油等液体后能够不渗漏的原因。

二、劣质纸杯对健康的危害

国家明确规定纸杯生产不能使用废纸、不能含荧光增白剂。但有的纸杯生产厂家无视国家的规定和人们的健康，为了减少成本，使用回收来的废纸生产纸杯。由于纸浆质量不过关，看上去比较黑，生产时使用漂白剂或是荧光粉来增加白度。如果将这种纸杯

---

[1] 本文发表于2011年4月18日《杭州日报》第B04版《你了解一次性纸杯吗？——建设生态城市聚焦点（1）》。

放在荧光灯下，会呈现出蓝色。医学临床实验表明，荧光物质一旦进入人体，可以使细胞产生变异，成为潜在的致癌因素。生产厂家为了增加纸杯的重量，往废纸里添加一些工业用的碳酸钙、滑石粉，而这些物质中含有较多的重金属，对人体危害极大。

据专家介绍，聚乙烯是食物加工中最安全的化学物质，无毒、无味，它在水中难以溶解。但是，如果选用纯度较低的聚乙烯，或加工工艺不过关，那么在聚乙烯热熔或涂抹到纸杯的过程中，在高温和重金属的作用下，就会产生裂解变化，生成羰基化合物。羰基化合物在常温下不易挥发，但在纸杯倒入热水时，就可能挥发出来。所以有时候人们会闻到一股怪味。如果长期摄入这种有机化合物，对人体是有害的。

令人担心的是，劣质纸杯往往采用再生聚乙烯。有的厂家从不正规的渠道收购废弃聚乙烯，有的来自医疗垃圾，即医院用过的针管、输液管等，有的来自装过农药、油漆涂料、砒霜等有害物质的包装物，在再加工过程中会产生许多有害化合物，使用中更易向水中迁移。尽管我国《关于食品用塑料制品及原材料卫生管理办法》明确规定：凡加工塑料食具、容器、食品包装材料，不得使用回收塑料，但因为再生聚乙烯价格便宜，有的厂家为节省成本，仍违规使用。另外，有的厂家为了增加杯子韧性和刚度，添加增塑剂，卫生状况也难以保证。

更可怕的是，有的不法厂家采用成本较低的工业石蜡来做纸杯内壁的涂膜。据了解，工业用蜡属于化工产品，其主要成分是烷烃类物质。这类蜡一般用于汽车打蜡上光、润滑等，虽然它对皮肤没有伤害，但不可食用。工业用蜡中通常含有超过卫生标准限量的致癌物质"多环芳烃"和"稠环芳烃"，和路边烧烤产生的有害物质一样，长期大量食用会影响人的记忆力和免疫功能，还可能使人出现贫血等症状。此外，工业用蜡还容易对人体呼吸道造成不良影响，降低人体的免疫功能，使人容易患呼吸道疾病，如咽喉炎、气管炎、肺炎等，对人体的神经系统和造血系统有害。如果经常使用劣质的一次性纸杯喝开水，必然会摄入一部分工业蜡中的有害物质。

【旋转的思维】

让自带水杯成为一种习惯[1]

在超市购物时，很多市民总不忘买些一次性纸杯，尤其遇到逢年过节，买一次性纸杯的人更多，好回家招待客人呀。到机关、学校、企事业单位办事，坐

[1] 本文发表于2011年4月18日《杭州日报》第B04版《让自带水杯成为一种习惯》。

定之后，工作人员总会及时地用一次性纸杯倒上一杯水，放到你的面前。到酒店和麦当劳、肯德基消费，摆在消费者面前的饮杯，也是一次性纸杯。现在超市、商场的饮品做活动，促销人员热情递到消费者面前的，一般都是使用一次性纸杯……

一次性纸杯的发明是人类文明进步的一个标志，一次性纸杯的使用打破了很多场合交叉共用饮水杯的陋习，再加上用完即抛，无须洗刷，使用方便而且感觉安全卫生，受到了消费者的普遍欢迎，不仅在公共场所大量使用，而且越来越多的市民也将其视为家庭生活的必需品。

纸杯虽小，学问不少，最关键是安全为大，质量不合格的纸杯已给人们的健康造成了威胁。解决问题需要政府部门强有力的监督，期盼生产企业加强和提升自身的职业道德。

静心想想消费者也有可为之处，如听听专家的建议：不到万不得已不要使用一次性纸杯，如果使用最好装冷水，以减少有害化学物质的挥发。早些年人们有自带水杯的习惯，哪怕外出开会也会自带水杯，这是一种非常好的习惯。其实，方便总是相对的，当他律和自律的效果还不能百分之百让人放心，百分之百令人满意时，自带水杯的习惯，何不重新恢复起来呢？

降低对一次性用品的依赖[1]

纸质材料强度较低、耐水性差，一只一次性纸杯往往只使用几分钟甚至几十秒就会被丢弃，它的使命也就结束了，我们不得不感叹：一次性纸杯，生命短暂。

一、一次性用品依赖症

随着经济的高速发展，人们的生活节奏开始加快，一次性用品已融入了人们的日常生活，保鲜膜、保鲜袋、塑料袋、纸巾、一次性纸杯等已经成为很多人的生活必备品。一些家庭坦言使用一次性用品已经成为一种习惯，如以前招待客人喝水是用玻璃、陶瓷杯，现在出于方便与卫生考虑，都改为一次性纸杯了。宾馆、酒店里的一次性香皂、牙刷、毛巾都已是司空见惯。近年来，一次性用品品种繁多，一次性衣服、相机等不断推陈出新，并且越来越高档化。

据统计，英国人每年抛弃 25 亿块尿布；日本人每年使用 3000 万台"可随意处理的"一次性相机；美国人每年抛弃 1.83 亿把剃刀、27 亿节电池、1.4 亿立方米用于包装的聚苯乙烯塑料，3.5 亿个油漆罐，再加上足够供全世界人口每月野餐一次使用的纸张和塑料制品。

二、一次性用品的污染

一次性用品在一定程度上满足了人们的特殊需要，代表着物质生活富足、方便快捷的同时，也造成了巨大的资源浪费和触目惊心的环境污染。

据有关资料显示，我国每年丢弃在铁路沿线的一次性塑料快餐盒达 8 亿多只，加上城市快餐业的发展，每年废弃量达 100 亿只之多，其中 80% 以上散落在环境中，重量在 8 万吨以上。上海一年所有丢弃的宾馆"六小件（宾馆提供的一次性用品）"总重量达 1814 吨，每年为了处置这些"六小件"要投入近百万元。

一株生长了 20 年的大树，仅能制成 6000 至 8000 双筷子，每年我国为生产一次性筷子减少森林蓄积 200 万立方米。

更为重要的是，很少有生产厂家回收一次性用品，再利用的难度非常大。成为毫无用处的废品，被随意丢弃，对环境造成极大污染。从资源节约的角度看，造成了严重的浪费。并且，一次性用品多数以塑料为原料，被填埋后，很难在土壤中降解，成

[1] 本文发表于 2011 年 4 月 25 日《杭州日报》第 15 版《减少使用一次性用品——建设生态城市聚焦点（2）》。

为新污染源。

一次性用品，给我们的生活带来了便利，但加快了地球资源的耗竭，产生的垃圾对环境造成污染，加重了环境的负担。

三、减少使用一次性用品

我国是一个有十几亿人口的大国，如果提倡一次性用品的使用，消费量将是巨大的，不仅造成资源的浪费，而且产生的废弃物也会带来无法预料的灾难。

国外很多酒店，如果顾客不提出特殊要求，酒店将不会每天更换床单、毛巾，也不会主动提供牙刷、牙膏、拖鞋、梳子、沐浴液、洗头液等一次性用品。如从 1992 年开始，韩国的酒店就开始不提供一次性用品了，马来西亚的大多数酒店也从上个世纪 90 年代初期起不再提供，在德国、芬兰等国的中高档饭店，都开始从环保出发不再统一提供一次性用品，日、美已明令禁止一次性塑料餐具的使用。一次性方便筷、餐馆用的一次性台布等，在韩国早已没有踪影。韩国国土狭小，人口稠密，资源有限，为了确保经济持续发展，节约已成为国家、企业和国民的共识。

北京市曾有人大代表提议，北京市可强制推行"宾馆不提供一次性日用品"的做法，让北京所有的星级宾馆都不再主动提供一次性日用品。北京有一家饭店曾经效仿过国外的酒店，撤销过一次性客用品，遗憾的是以失败而告终。

有位学者在上海进行了抽样调查，询问人们对一次性用品的态度。40％的人表示应该继续使用；20％的人觉得应该减少或取消一次性用品的使用；还有 40％的人认为无所谓，用与不用没什么关系。

只有倡导环保、节能的意识，才能减少一次性用品的消费量，但是离这个目标，还有很长的路要走。

【旋转的思维】

天育物有时，地生财有限[1]

—— 生态型城市建设呼唤生态意识

我们的生活中充斥着太多的一次性用品，基于对便利的追求和需要，人们也

[1] 本文发表于 2011 年 4 月 25 日《杭州日报》第 15 版《随时都有生态意识》。

似乎越来越割舍不开对一次性用品的"依赖"。

天育物有时，地生财有限。一次性用品的大量使用，在显示物质富足、高效，满足人们需求的同时，制造了大量的垃圾，破坏着人类赖以生存的环境，也背离了生态型城市建设的目标。低碳生活、生态型城市需要我们在生活中尽可能重复使用物品，因为延长物品的使用寿命，可以降低资源流动的速度，资源的利用才更为充分。

一次性用品的消费正吞噬着有限的地球资源，使自然环境日渐脆弱。美国一位教授曾警示："如果地球上所有的人都这样地生活和生产，那么我们为了得到原料和排放有害物质还需要20个地球。"人有远虑而生近忧。作为一个在财富之路上艰难爬坡的大国，作为一个倡导生态型建设的城市，有必要提倡新的节俭的财富文化。

其实，中华民族自古以来崇尚"勤俭持家"，反对过度追求物质消费的价值取向。道家主张顺应自然，过一种"无欲无求"的清淡的生活；墨子强调"节俭则昌，淫佚则亡"。当前，起源并盛行于西方发达国家的消费主义文化态度、价值观念和生活方式，正以其感性而鲜明的特征吸引着发展中国家的人们，在消费主义文化强大的示范和诱导下，传统的消费理念逐步转变，现代消费主义生活方式挥霍着大量的资源，带来了许多危害。一次性用品使用过多过滥的倾向，已不容忽视。正确的消费观和良好的生态意识能折射出市民的素养，因为消费不仅仅是一种经济行为，更是一种社会的、文化的、生理的、精神的行为。

尽量减少对生态环境的压力，让生态意识成为一种新时尚，成为杭州人应该具备的一种品质。

一次性纸杯属于使用周期短、用量大、典型的消费易耗品，我们不妨从减少使用一次性纸杯开始。

工业兴市

坚持"工业兴市"不动摇

—— 关注"工业兴市"之一

提及工业，尤其是重化工业，一直以来人们对其固有的印象是浓浓的黑烟、混浊的污水和厌倦的噪音。杭州是一座著名的风景旅游城市，因而不少人对"工业兴市"战略心存疑虑：不遗余力地发展工业，会不会破坏城市的生态？影响生活品质之城的建设？旅游是我们杭州的支柱产业，有没有必要发展工业？这些问题自然而然地成为大家关注的焦点。其实，现代工业正不断推进清洁生产，大力倡导生态，最大限度地减少经济活动对大自然自身的影响，现代工业已渐渐远离各种污染。特别是近年来，杭州在坚持保护第一、生态优先、可持续发展的前提下，大力发展高新技术产业和优势传统产业，打造绿色工业品牌，走出了一条建设国际风景旅游城市与打造绿色生态型工业城市良性互动、相得益彰、具有杭州特色的发展路子。

一、工业是提升城市实力的引擎

工业化是经济发展中的一条不可逾越的普遍规律。工业是一个国家、一个城市经济的基础和主体，工业的发展规模、发展水平直接影响着一个国家（城市）经济和社会发展水平，决定着一个国家或城市人民的富裕程度。纵观世界各国经济发展进程，我们可以看到，凡是经济发达的国家，都是工业非常发达的国家，反之，世界上最不发达的国家，都是工业非常落后的国家，甚至是基本上没有工业的国家。从当年英国工业革命的产生，到二战以后德国与日本的崛起，以及亚洲四小龙的快速发展，这些国家的强盛，无一不是依靠工业的发展，进而整体推进，最终实现强国富民之路。从国内来看，珠三角、长三角和环渤海湾等经济繁荣地区，也都是工业经济最先发展起来，率先进入小康社会，可以说没有一个地方不是通过工业发展起来的，因为在国民经济发展体系中，工业处于主导地位，工业的拉动系数大，产品附加值高，财政的增收、经济的发展乃至底层人群的脱贫，都得依赖于工业的支撑。

从世界经济发展史和市场经济理论来看，在社会不同的历史发展阶段，国民经济发展中第一、二、三产业的位置是不同的。就现状看，杭州仍处在工业化的中后期，必须以工业经济为主体的历史阶段。工业是连接一、三产业的重要环节，有了强大的工业基础和体系，才能带动第一产业和第三产业的发展，也只有到了高度工业化后的信息社会，国民经济的主体地位才能让位给第三产业。因此，实施工业兴市战略，从理论上来说，是完全符合市场经济规律的。

二、杭州的未来需要工业的支撑

杭州自从 2002 年坚持"工业兴市"战略以来，工业经济走上了快速发展的轨道，工业在国民经济中的主体地位得到不断巩固和加强，规模总量不断扩大，成为拉动全市经济增长的主要推动力。规模以上工业总产值从 2002 年的 2383 亿元猛增到 2008 年的 9332 亿元，增幅达 3.92 倍；在工业的强势驱动下，GDP 从 2002 年的 1780 亿元增加到 2008 年的 4781 亿元，增幅是 2.68 倍。2002 年，杭州规模以上工业企业单位仅 4015 家，从业人员 78.14 万人，2007 年企业达到 8647 家，从业人员达 128.05 万人。增幅分别为 2.15 倍和 1.64 倍。

当前，面对严峻的就业形势，没有较强的接续工业或产业，要解决就业问题几乎是不可能的。只有工业的发展，形成更多新的就业岗位，才能吸纳和安置大量的劳动力就业，才能为转型提供一个宽松的环境，保持社会稳定，所以，工业是吸纳就业的主要渠道，发展工业能扩大就业和保持社会稳定，未来相当长时间，杭州经济发展仍然需要工业的支撑，工业仍然发挥着历史性作用，不可能急速退出历史舞台。

2008 年全市工业总产值、销售产值分别达到 10968.86 亿元和 10802.66 亿元，工业实现利税 738.84 亿元，对财政的贡献度高达 81.1%。工业仍然是杭州经济的主要支撑、财政税收的主要来源、推进城市化和生产性服务业发展的主要动力，是"兴市立县"之本、财政收入之本、劳动就业之本、走新型城市化道路和发展生产性服务业之本。深入实施"工业兴市"战略，不仅是杭州应对国际金融危机的当务之急，更是谋求杭州经济社会新一轮跨越发展的长远之策。

三、杭州实施"工业兴市"的优势

杭州"工业兴市"战略就是把加快工业化进程作为经济发展的突破口和举措，充分释放发展工业经济的潜能，使民营经济成为工业化的主力军，走出了一条优势产业和特色工业聚集发展的路子。2002 年以来，杭州市委、市政府高度重视工业的发展，交通、城建、电力、通信等系统争当"工业兴市"先行官，计划、财政、金融、工商、税务、土地、海关、商检等部门为"工业兴市"排忧解难，公安、司法等部门为"工业兴市"保驾护航，新闻宣传和文化等部门为"工业兴市"鸣锣开道。工业经济运行日渐好转，工业规模不断扩大，工业经济的发展在一定程度上促进了财政收入结构和质量的改善，"工业兴市"的成效日渐显现，工业经济在全市国民经济中的主导地位不断增强。如今杭州正处在工业化中后期，部分县（市）还处于中期起步阶段，在这一时期，抓住工业经济这条主线不能变，就是到了高度工业化阶段以后，工业经济也是不可忽视的。因此，不仅要把工业做大做强，还要做长，坚定不移地把发展工业经济作为主线。因此，我们有充分的理由坚持"工业兴市"不动摇。

对外开放：杭州发展开放型经济的原动力[1]

—— 关注"工业兴市"之二

经济开放度是指一个国家或地区的经济对国际市场的依赖程度。衡量对外开放程度最有说服力的是外向型经济的发展水平，一般可以用外贸依存度、国际合作与投资、社会开放度三项指标来衡量。

对外开放是杭州加快转变对外经济发展方式的重要推动力，是提升杭州国际化水平的战略选择。新世纪以来，杭州已在更大范围、更广领域、更高层次上参与国际经济技术合作和竞争，着力转变对外贸易增长方式，提高利用外资的质量和水平，倡导"以民引外、民外合璧"的新思路，实施企业"走出去"战略，经济开放度逐年提高，开放型经济水平充分显现。

一、对外贸易迅速扩展

2000 年杭州的进出口额为 104.76 亿美元，2009 年，全年完成外贸进出口总额 404.17 亿美元（受国际金融危机影响，比上年下降 15.9%），增幅高达 3.858 倍，接近杭州 GDP 的增长幅度（2000－2009 年，杭州 GDP 增长 369.5%）。出口贸易结构进一步优化，除了传统的服装及衣着附件、纺织纱线织物及制品外，机电产品、高新技术产品、农产品和医药品等出口均保持较快增长，加工贸易转型升级提速，带动企业结构、产业结构、技术结构进一步优化。一般贸易出口持续快速增长，优势商品和名牌商品出口带动能力进一步增强。服务贸易发展势头好，金融保险、计算机和信息服务、广告宣传等现代服务业出口也快速增长。

2010 年以来，杭州对外贸易出口强劲回升。1－2 月，全市实现进出口总额 72.56 亿美元，比上年同期增长 31.5%，增幅同比提高 7.4 个百分点。私营企业出口领先增长，主要出口市场、出口商品均增势良好。

二、利用外资成绩卓著

杭州通过改善投资环境，健全招商机构，落实引资责任制等措施，利用外资稳步提高。2000 年，杭州协议外资 6.45 亿美元，实际吸收外资 4.31 亿美元，到 2009 年，合同利用外资 69.65 亿美元，实际到位外资 40.14 亿美元，分别增长了 10.8 倍和 9.3 倍。

---

[1] 本文发表于 2010 年 4 月 22 日《杭州日报》第 B06 版《提高对外开放水平 —— 关注"工业兴市"之八》。

在长三角城市中，杭州利用外资总额跃居第三位，仅次于上海和苏州。

跨国公司落户增多，2000年，在杭州投资办企业的全球500强跨国公司仅30家，至2009年，全球500强企业中已经有70家117个投资项目在杭州落户。众多民营企业成为跨国公司的原料供应商、装配中心、生产基地、市场拓展前沿乃至研发中心。杭州外资利用结构和水平也明显提升，2000年全年新批1000万美元以上的项目仅有19个，2009年，总投资在1000万美元以上的大项目达288个。其中香港怡和、美国雅培、德国ABB、新加坡丰益、美国百思买和日本日立等6家世界500强企业首次进入杭州。外商投资产业向高级化、重型化发展，集中投向资本技术知识密集型的信息技术产业、装备制造业等产业。另外，服务业吸收外资步伐加快，服务外包发展迅猛，全年完成离岸执行额9.19亿美元，比上年增长352％。在"2009中国100强成长型服务外包企业"中，杭州有9家企业上榜，居全国第3位。

三、对外合作方兴未艾

杭州高度重视工业领域的对外经贸合作工作，积极拓展对外合作方式，始终坚持以"产业对接、平台建设"为重点，每年都能在招商引资活动的形式、内容、成效上有新亮点、新突破。2009年，杭州召开了工业招商洽谈会，通过洽谈形式，加深彼此了解，加速杭州企业与国内央企、国企和500强企业的交流合作，引导在杭企业与大企业集团的技术合作、产业配套过程中寻求差距和不足，为杭州企业和产业的转型升级提供原动力；举办了国际中小企业研讨会，加强世界各国中小企业和学术界的广泛联系与交流，促进中小企业国际技术经济合作、提高中小企业竞争能力，为社会各界提供了一个学习、讲座与交流的平台；与省政府联合主办了"浙江省暨杭州市投资环境推介会"等。

杭州积极引进国内外先进技术，推动杭州的技术创新和产业升级。2009年，共引进内资项目5451个，协议资金1287.02亿元，到位资金560.55亿元，分别增长18％和18.48％。

杭州致力展开国际技术劳务合作。2002年对外承包工程和劳务合作合同金额376万美元，2009年完成对外承包工程和劳务合作营业额3.70亿美元。至2009年末，全市累计设立各类境外投资企业（机构）69个。

四、社会开放度日益提升

社会开放度主要是看一个城市与国内其他城市及国际交流的情况。杭州作为享有盛名的旅游城市，入境旅客人数和旅游收入情况可以反映出社会的开放程度。2000年，杭州旅游外汇收入2.92亿美元，国外游客人数70.7万人次，到2009年，旅游总收入达到13.8亿美元，杭州全年接待入境旅游者230.40万人次，分别比2000年增长了3.12倍和3.3倍。2009年，市民出境旅游人数为41.7万人次，位于全国城市前列。

此外，杭州开始承办国际性大会，2005年5月31日至6月5日，首届中国国际动漫节在杭州举行。这是中国第一次举办的国家级、国际性动漫盛会；2006年10月15日，杭州世界休闲博览会的重要项目——第九届世界休闲大会在杭州开幕。在休闲领域具有里程碑意义的研究成果《世界休闲杭州共识》在杭州正式发表。

五、开放型经济充满活力

外来资金作为社会固定资产投资的重要来源，对一个城市的经济增长具有较大的贡献。杭州经济的高速增长也得益于对外开放，尤其是对外贸易和国际投资所带来的溢出效应，使杭州经济更加活力四射。

开放型经济促进了结构调整。外商直接投资对产业结构调整效应主要表现在三个方面：一是促进了固定资产投资总量增长及其结构调整；二是通过这种调整带动了三大产业间比例的变化，加快了产业结构升级；三是推动了产业内部的结构优化，特别是工业结构的调整升级。

开放型经济加速了产业优化。国际投资开放一是加快了杭州出口导向工业的发展。二是改进了传统的技术、资金密集型产业。这类行业原已有较庞大的生产规模，但技术落后，通过传统技术和成熟技术的转移，对这些行业技术水平的提高，产品结构的优化起到了明显的作用。三是促进了城市新兴产业的发展，并使技术、资金密集型行业的比重明显提高，传统产业和劳动密集型行业的位次移后。四是为产业结构升级提供了一条途径，由于杭州工业基础较好、产业门类齐全等优势，外商投资企业透过一批配套生产企业，通过中间投入品的本地化，带动了本地区中上游产业的发展。

开放型经济倒逼了技术创新。对外开放度较高意味着对国际市场的依赖性。杭州贸易产品不平衡，主要集中在纺织等低端产品上，贸易对象集中在美国、日本两大市场。金融危机的波动效应倒逼企业进行技术创新。如2009年以来，大量的纺织服装企业正加强技术升级和产品升级，整合科技资源，集中优秀科技人才，加大出口企业科研投入，着力突破制约发展的关键材料、核心器件和关键技术以及生产设备，形成具有自主知识产权技术标准的完善产业链条。及时制订和修正行业技术标准和规范，在掌握关键技术、核心专利的基础上联合制定技术标准。

【旋转的思维】

开放：杭州永远执著的选择[1]

对外开放是任何一个国家、任何一个民族走向现代文明、实现现代化不可或缺的条件。开放是当今世界的一大潮流，许多国家为促进本国经济发展，在国内推进放松管制、实现投资自由化等各项经济改革的同时，都采取对外开放政策。其结果是人、财、物、技术、信息等生产要素都能够自由地跨越国境，各种所有制企业均获得新的发展动力和增长空间，成为经济国际化不断发展的重要推动力。

杭州对外开放的成就引人瞩目，杭州在全国较早地提出了外向型经济发展战略，积极参与国际分工。民营经济是杭州对外开放中最具特色和活力的部分，也是杭州"走出去"的中坚力量。最具代表性的万向集团在美国、英国、加拿大、澳大利亚等欧美8个国家拥有18家公司，在全球60多个国家和地区建立营销网络，并在北美设立技术中心、建立生产基地，产品进入美国通用、福特等国际主机厂配套，实现了国际营销、国际生产到国际资源配置。

因为开放，杭州一些企业较早实施生产国际化、贸易国际化，进行跨国经营，进而转向投资国际化和金融国际化，积极发展资本等要素市场，目前杭州已经成为全国的上市公司大市。开放型市场体系的改革取向，有效地调整和提高了杭州资源配置的国际化水平和产业比较优势，并通过"引进来，走出去"的要素国际流动，加快了经济国际化的对外开放路径选择，创造出独具特色的对外开放模式。

因为开放，杭州市政府积极培育生产要素国际化，即信息国际化、规则国际化、人才国际化、思想观念国际化。政府建设对外开放各种平台，设立中小企业国际市场开拓资金，重点扶持企业参加境外展览会等；出台多项优惠政策，在技术改造、技术引进、科研立项、财政贴息、金融信贷等方面优先扶持，鼓励企业扩大出口，引导企业加强品牌建设及其国际化经营。

因为开放，杭州市各级政府不断致力于改善和优化开放环境，为扩大对外开放提供了重要保障，提高了贸易投资的自由与便利程度；为公平贸易创造了较规范

[1] 本文发表于2010年4月22日《杭州日报》第B06版《"引进来"与"走出去"并重》。

的法制环境，通过"法治杭州"建设，为扩大开放创造出协调配套的法制体系和公正严明的执法环境；通过"信用杭州"建设，加强了全社会信用管理，改善生产、流通以及税务、信贷，财务、统计等各领域的信用状况。"法治杭州"与"信用杭州"已成为杭州扩大对外开放的人文基础和宝贵财富。

因为开放，杭州市政府大力推动职能转变和行政管理体制改革，在全国率先推行行政审批制度改革，建立行政审批中心，目前已成为全国审批项目最少的城市之一。杭州还推行了投资项目审批代办员制，建立起具有杭州特色、高效完善的投资项目审批服务体系。杭州市政府适时解决对外开放中的各种难题，如采取多种措施，培训、培养、引进和使用国际化人才。高校增设国际贸易等相关专业，通过进修、委托培养等渠道培养对外经贸人才；积极引进国外智力，较快地扩大了杭州国际化人才队伍。

随着经济的飞速发展，我们与世界的依存度日益增加，相信明天的杭州将会与世界更加紧密联系，开放也将永远是杭州发展的动力与选择。

高新技术推动着杭州工业结构高新化[1]

—— 关注"工业兴市"之三

工业是一个城市的经济基础和主要支撑，而引领城市发展的是工业结构的不断调整与转化，其中，工业结构高新化已成为现代城市工业发展的方向。发达国家工业结构高新化的路径一般归纳为三种，一是依靠内生性发展或直接高起点引进一批高新技术产业；二是利用高新技术改造传统产业，使得传统产业能大幅度提升附加价值；三是引导部分传统产业向高新产业领域转移。杭州自实施"工业兴市"战略以来，工业结构高新化推进迅速，在全市经济结构调整和发展方式转变中的主导与支撑作用日益凸显。就杭州高新技术产业的发展而言，2003 年全市规模以上工业企业实现总产值 469.48亿元，到 2009 年，实现销售产值 2260.4 亿元，高新技术产业产值平均每年增速高达68.78%。

杭州高新技术产业为什么能快速发展？探究秘诀有其内在与外在的有利因素：国际产业转移以及由此带来的技术外溢是产业发展的外部契机；对高新技术产品的消费需求是产业发展的直接动力；杭州优秀人力资本的集聚和企业自主创新精神是产业发展的内在潜力；政府强有力的推进和政策支持是产业发展的有效保障。高新技术产业的快速发展直接推进着杭州工业结构高新化进程，当前，杭州工业结构高新化综合起来主要表现在以下几方面。

一、精心培植各项新型业态，新兴产业展现生机

杭州积极培育和发展新兴产业，谋划未来工业经济新的增长点。如：近年来将工业设计创新工作作为推进杭州工业结构高新化的重要内容，组建了杭州市工业设计协会，提出了发展工业设计创意产业发展体系建设的建议，制定了《杭州市工业设计发展三年行动计划》，打造系列以工业设计为主题的创意园区，推进工业设计创意产业中心建设；互联网、物联网的新型业态不断涌现，杭州良好的电子信息和软件产业基础，为物联网技术应用提供了强大支撑。以华数为核心的无线数字网络建设取得积极成效，在无线传感网、射频识别、物联网技术应用等方面形成了一批核心技术，家和智能、海康威视（中国电科 52 所）、聚光科技、利尔达科技、浙大人工环境、中瑞思创等一批企业实力

---

[1] 本文发表于 2010 年 4 月 1 日《杭州日报》第 A11 版《推进杭州工业结构高新化 —— 关注"工业兴市"之六》。

位居全国前列。

杭州新兴高新技术产业显示生机。太阳能光伏产业规模迅速扩大，2009年全市重点光伏企业完成销售产值29.35亿元，利税合计2.8亿元，实现利润2.24亿元，完成出口交货值2.13亿美元。前进风电齿轮箱、佳力风能、杭州工电能源等一批具有较强竞争力的风能、核能企业发展迅速，运达风力在全国80多家风力企业中排名第四，2009年获得科技部风力发电国家重点实验室（省内企业唯一，风力企业首家），东方电气等重大项目建设进展顺利。新材料产业规模集聚效应初步显现，半导体照明（LED）产业已有100多家企业，形成包括外延、芯片、封装、检测设备、荧光粉、硅胶、应用产品在内的产业链；新安化工10万吨有机硅项目基本建成，形成了有机硅系列产品的产业链；光纤与光缆产值已占全国的四分之一；电子商务、动漫产业经济规模均已名列全国各城市第一。

二、突出产业发展重点领域，完善各项扶持政策

杭州在推进工业结构高新化过程中，发展高新技术产业思路清晰，重点领域明确。近年来，将电子信息、新型医药、新能源、新材料、新光源、节能环保、涉海产业、物联网产业等八大领域作为重点，按照"政府主导、企业主体、重点突破、优化布局、创新驱动"的方针，围绕建设"天堂硅谷"，加快提升自主创新能力，推进产业结构转型升级，致力结构高新化。并研究制定了高技术产业发展规划和行动计划，如《杭州市生物产业国家高技术产业基地发展规划》《杭州市文化创意产业发展规划》《杭州市太阳能光伏等新能源产业发展五年行动计划》《杭州市新材料产业发展专项规划》等；完善了高新技术产业发展扶持政策，出台了《杭州市信息服务业发展专项资金管理办法（试行）》《杭州市高新技术产业园考核奖励办法（试行）》等一系列支持高新技术产业发展的政策，为推进杭州工业结构高新化提供了政策保障。

三、精心培育高新技术企业，推进产业聚集发展

杭州一直高标准、高起点培育高新技术企业群体。以科技企业孵化器、楼宇经济为重点，组织软件开发与服务、电子商务、服务外包等新经济和商业模式创新的中小型科技企业申报，鼓励和挖掘各级科研院所创办的实体申报高新技术企业。真正做到拓宽视野，扩大增量，精心培育。至2009年底，国家重点扶持的杭州高新技术企业达到1236家；培育认定研发中心521家，其中省级182家；企业技术中心454家，其中国家级14

家，省级 132 家。2009 年 12 月 16 日，杭州还成立了高新技术企业协会，加强对高新技术企业的全方位服务。

推进产业聚集，培育和发展高新技术产业园。在规划和建设过程中，引导高新技术产业向基地化、集约化、规模化方向发展，形成以高新技术产业为主导的特色鲜明的新型产业集聚区。并把培育高新产业园与培育国家级基地试点拓展区、重点工业功能区、文化创意产业园、科技园、软件外包产业园、电子商务产业园的工作结合起来，打造各具特色，优势互补的高新技术产业园区，产业园区实现的高新技术产业产值已经占全市高新技术总产值的三分之二以上，产业集聚效应明显。

四、积极引导企业争创名牌，创新活力逆势飞扬

2009 年，杭州新增 12 个中国驰名商标，累计已达 78 个。杭州市政府以名牌培育质量提升工程为载体，积极引导高新技术企业争创名牌，推进产品结构优化、质量管理优化，从而提高高新技术企业的核心竞争力。早年，高新区（滨江）政府曾将名牌战略推进纳入国民经济和社会发展五年规划纲要中，并明确"拥有 100 个自主知识产权的名牌产品"的发展目标；制定并实施了《杭州高新区（滨江）名牌培育质量提升工程实施方案》及《杭州高新区（滨江）名牌产品培育发展规划》；加大了对名牌奖励政策的力度。现已基本形成了以高新技术产业为主导，以信息控制系统、网络产品、电器设备为重点的名牌产品群体，市场知名度得到了极大提高。

面对金融危机带来的困境，杭州市政府积极出台各项扶持政策，鼓励科技创新。如2009 年，高新区（滨江）企业 R&D（Research and Development）投入、技术改造投资不降反升，全区 R&D 投入占 GDP15.5％；新建市级以上企业研发（技术）中心 35 个，授权专利及其授权发明专利分别增长两成、五成；开展"投融资体系建设年"系列活动，落实市创投服务中心建设，推动企业上市，"杭州高新板块"新增 4 家企业，累计约占全市 1/3；实施"瞪羚计划"，新认定高新技术企业 101 家；2 家企业荣获中国杰出创新企业（全省 2 家），9 家企业入选中国民营企业 500 强。实施"5050"计划，全年引进人才近 1.7 万名，留学生创业园被认定为"国家海外高层次人才创新创业基地"。

【旋转的思维】

工业结构高新化，杭州的期盼与希望[1]

工业结构高新化，较好地解决了发展工业与保护生态之间的矛盾，最大限度地减少了工业活动对自然的影响，走出了一条建设国际风景旅游城市与打造生态型工业城市良性互动、相得益彰、具有杭州特色的发展路子。既发展工业又保护环境，这是杭州的期盼，也是杭州的希望。

从美国、欧洲、日本的发展经验来看，人均 GDP 6000 美元阶段后是高新技术发展的黄金时期。这一时期将产业政策转向以尖端技术为核心，以高新技术产业为先导，从而在机器人、生物工程和新材料等领域取得优势，带动产业的进一步升级和经济的持续增长。因此，未来一段时期，高新技术产业将延续高速发展的态势，杭州可能将在以下几个领域迎来"井喷"期。

1. 生物医药产业

居民医疗模式和健康观念发生改变，健康需求日益多样化，医疗保健消费增长迅速。杭州有适宜生物医药技术发展的良好的自然环境；当前，临安、富阳的生物医药企业已具有较大规模，并形成集聚效应；第四届（2008 年）中国国际生物医药发展峰会在杭州举办，为杭州生物医药发展提供了更好的交流平台。

2. 新能源产业

在"低碳城市"指标约束下，低碳产业的消费需求增长，发展空间巨大。更为重要的是，能源是制约经济发展的瓶颈，太阳能光伏、风力发电、核电、新型电池等新能源开发将成为新兴产业的方向，也将带动新的经济增长点。杭州已启动大江东地区新能源产业园建设，并发挥江东、临江、前进等园区的主体作用，努力形成新能源产业的竞争优势。

3. 物联网等产业

杭州电子信息产业雄厚的基础，以及企业家敏锐的商业创新意识，使物联网技术应用远远领先于其他城市。杭州拥有高新软件园、东部软件园、杭州高新技术开发区及浙江大学等高校支撑，在物联网、软件开发、动漫游戏、服务外包、工艺设计等领域，具有广阔的发展远景。

----

[1] 本文发表于 2010 年 4 月 1 日《杭州日报》第 A11 版《高新化是杭州工业的希望》。

　　库兹涅茨断言，源于技术创新的变革和新兴产业的发展以及由此带来的对经济结构和社会的巨大连锁影响，是漫长和不可测的。高新化未来的作用不可忽视，杭州的明天也因此而更亮丽。

推进产业发展融合化[1]

—— 关注"工业兴市"之四

当今，国际产业发展呈现出新的特征，如各具特色的产业集群迅速崛起，跨产业的企业兼并层出不穷，产业经济循环发展模式方兴未艾，显现出了产业发展的新趋势：簇群化、融合化和生态化，这三大趋势是产业内在发展规律在实践中的具体体现，也是产业发展对经济新特征和新变化的一种动态诠释。其中，产业融合是通过不同产业或同一产业内的不同行业之间相互交叉、相互渗透、相互融合，逐步形成新型产业形态，产业融合产生新的产品和服务，开拓新的市场，促进资源的优化和整合，有利于产业结构转换和升级，产业融合作为一种突破传统范式的产业创新，日益成为产业发展及经济增长的新动力。

杭州众多企业一直致力于融合化发展，尤其是绿盛集团与天畅科技公司更是站在产业融合的前沿，实现了虚拟产业与实体产业的融合。

绿盛集团是一家生产牛肉干的企业，在集团总裁林东的带领下，创造了以"绿色环保"为核心的品牌，2001年产值仅仅是1300万元，2005年高达3.2亿元，每年以超过100%的增幅高速增长，缔造了传统食品行业超常规发展的神话。

天畅科技有限公司研发了国内首款3D历史玄幻网络游戏《大唐风云》，董事长郭羽致力于《大唐风云》充满传统文化气息的同时，积极推广游戏商务平台，让玩家实现物品交流和赠送的平台，在网络游戏的虚拟世界里进行真实的商务交易。

一、虚实融合的主要内容

绿盛集团与天畅科技融合的核心是将各自的产品"直接嵌入"对方的产品，结合各自的资源，以最少的代价赢取最大的回报。其主要内容有：

1. 绿盛集团把自己的核心资源 —— 媒介与天畅科技共享，牛肉干包装袋上宣传《大唐风云》。

2. "绿盛QQ能量枣"的形象代言人由《大唐风云》中的主角担当，天畅科技为"绿盛QQ能量枣"设计了"太平公主"代言人物形象，曾为绿盛集团节省了近200万的代言费用。

3. 天畅科技将"绿盛QQ能量枣"植入《大唐风云》，成为游戏中最具神效的"全

[1] 本文发表于2010年3月25日《杭州日报》第A15版《推进产业发展融合化 —— 关注"工业兴市"之五》。

能补品"。

4. 天畅科技还在《大唐风云》网络游戏中开设了绿盛牛肉干店，使玩家能在虚拟的网络店里购买到真实的牛肉干。

二、虚实融合的产出效应

融合的力量是无穷的，虚拟产业与实体产业的融合，打通了两个产业之间的隔阂，产生了巨大的潜能。绿盛集团在推出"绿盛QQ能量枣"的当月，实现了2700万人民币的销售量，而在此之前，绿盛集团新上市同类产品的销售量仅徘徊在300万人民币左右。与众不同的特质使绿盛牛肉干摆脱了单纯的价格战。《大唐风云》也是人气大增，引起了众多传统企业对天畅科技的极大关注，如宝洁公司旗下的吉利（生产剃须刀）、杭州长运、龙门古镇、大型超市等企业都积极与天畅科技联系，寻求合作的可能和机会。天畅科技也由单纯依靠网络游戏收费转向在网络游戏中植入广告的经营模式。

传统工业经济时代的产业运行平台，通常具有较强的专用性和分层性，生产投入的三要素是土地、技术和资金。今天，知识技术的作用和功能得到快速提升，知识更新速度加快，产业投入要素比过去要复杂得多，有些产业对传统资源要素的依赖性降低，更注重媒体资源，生产厂家需要投入相应的销售广告等。

产业投入的要素可以分为实体和虚拟两大类，实体要素泛指土地、技术和传统的资源，虚拟要素包含网络、商标名称、版权专利、广告等媒介。一些企业对实体要素的需求量大，对虚拟要素的需求量小，如钢铁、造船业、农产品加工业等，而另一些企业虚拟要素的运用量较多，如保健品、化妆品业、咖啡馆等。如果这两类企业平行运行，就不可避免地存在要素不完全利用现象，只有企业间相互融合，充分利用虚、实两类要素，共同互用平台，才能加大产出，增加福利。

三、虚实融合的动力因素

产业融合遵循经济发展的一般规律，即追求利润最大化，成本最低化。在探讨融合的经营模式时，企业不但要善于利用投入的一切要素创造更多的利润，更重要的是，企业要学会思考"这些要素对别人有什么用"，"如何激活一切要素融入别的企业"，绿盛集团就是充分利用牛肉干包装袋上的广告资源，天畅科技则是开放了网络游戏中的店面，双方进一步挖掘了自身的要素及产品的能量，从而共同创造和提升了企业新的价值。

产业融合既是产业发展的一种必然结果，也是产业发展的一个过程，产业融合一直以来被认为是源于技术的进步和管制的放松。从绿盛集团与天畅科技的融合过程中可以发现，仅仅依靠技术融合和放松管制是不够的，可以说融合的经营模式是一种开放式的思维模式，产业融合导致产业价值链的创造性重构。产业融合真正的动力在于企业经营观念的改变和运营方式的突围，只有将经营观念创造、技术进步和放松管制结合起来，融合才能成为现实。其本质是通过技术创新和政府管制的放松，改造了企业的内部与外部环境，引进并培植了企业全新的经营理念，创造出全新的经营模式。

四、虚实融合的网络特征

企业习惯于从要素的投入到产品的生产至售后的服务，探索在这三个阶段怎样减少投入，如何利用好各种要素，创造更多的利润，但这种经营模式是单一的。而融合性的经营模式则是呈网络形状的，是封闭的并具有反馈性质。随着产业融合的发展，以前各产业所特有的价值链将会解体，形成一种混沌的价值链网，其中原来各价值链的核心环节将会重新组成新的价值链。在融合作用之下，传统价值链的合理性正在逐步消失，价值链的组成不像过去那样简单、单一，往往是多个行业、多个行业的企业纵横交错地纠缠在一起，价值的创造以及价值的传递方式都发生了明显的改变，不再是单向的运转而是相互流动形成一个复杂的循环系统。企业不仅仅是闲置要素之间或者有效要素之间可以相互交换或购买，在融合的条件下，一个企业的闲置要素与另一个企业的有效要素之间相互联结，并形成了一个网络。融合奠定了企业要素链各环节合作的基础，使得各产业链各个环节能够发挥战略聚合效应。产业融合所形成的全新的要素链蕴含着巨大的商机。

五、虚实融合的风险稀释

企业单一的经营模式相当容易被行业竞争者复制，利润也就容易被稀释。不论是纯粹的虚拟经济，还是单纯的实体经济，面对全球化和高新化的冲击，实体企业只有依托网络媒体才能最大程度获取和发布市场信息，为客户提供各种形式的服务；虚拟企业如果能利用实体企业的有形资源，就好比有了坚实的根基，能有效降低风险，增强企业的稳定性。绿盛集团林东认为《大唐风云》为"绿盛QQ能量枣"插上了网络的翅膀；天畅科技郭羽的观点是，没有实体支撑的《大唐风云》终究有很高的风险，缺乏实体的虚拟产业就像一只纸飞机，飞不高也飞不远，更经受不起风雨。为了克服虚拟产业的致命弱点，采取实体经济与虚拟经济的战略结合的方法，稀释各自的风险，才能有长足的发展和壮大的空间。随着产业竞争的加剧，实体产业的发展越来越依赖于虚拟经济，与虚拟产业融合不仅仅是实体产业发展的需要，也是虚拟产业走出困境的必由之路。

实体产业与虚拟产业的融合正在创造新的价值，它模糊了虚实产业环节间的疆界，打破了传统企业运营的思想禁锢，孕育着全新的企业运营模式。

【旋转的思维】

融合化：引领杭州工业的新发展[1]

产业融合是在经济全球化、高新技术迅速发展的大背景下产业提高生产率和竞争力的一种发展模式和产业组织形式。在产业融合的动力作用下，会产生各种各样的机会环境，也是诞生新企业、新产品的摇篮。绿盛集团与天畅科技融合的实践，是将自身的闲置资源有效地嵌入到其他产业中，双方均因此出现了新的增长点和较高的经济效益，这是产业融合的结果，也是企业发展所追求的目标。

细细回顾杭州工业的发展，不难发现，融合化特征非常明显。

杭州动漫属于多层次融合的产业。当今的动漫产业已形成动画、漫画和游戏三位一体的新格局。如漫画小说畅销后可以拍成动画片，成名的动画片也可改编成游戏软件，而游戏中的人物和故事又可变成漫画书出版。动漫产业不仅仅以动画片播放收入、图书和音像制品的销售来收回成本，而且能依托大量的衍生产品获取丰厚的利润。因而，以数字技术为新特征的动漫产业，是传统的美术文化业和现代 IT 产业的真正融合，是艺术、商业和高新技术的融合，是资金密集型、科技密集型、知识密集型和劳动密集型融为一体的新兴产业。杭州动漫产业实现融合化发展，突破了文化产业与现代 IT 产业间的条块分割，加强产业间的竞争合作关系，减少产业间的进入壁垒，降低交易成本，最终形成持续的竞争优势。

杭州女装业能享有很高声誉，多维融合是关键。杭州女装体现出传统风格与现代技术的融合；"着力打造特色街区，构建展销双赢平台"推动了整个产业集群系统的更新与升级，产业集群与特色商业的融合，是生产和销售的联动，极大地降低了杭州女装的生产和交易成本，为品牌的成长提供了机会；杭州是一个开放性的都市，它融合了传统与现代、东方与西方、民族与时尚的流行，精致的生活方

---

[1] 本文发表于 2010 年 3 月 25 日《杭州日报》第 A15 版《融合化：引领杭州工业新发展》。

式决定了杭州女装融休闲、时髦、实用于一体的设计特点，杭州众多的服装市场、服装特色街，将旅游、休闲、购物融于一体，符合杭州人的生活情趣，杭州女装正体现了城市文化与生活方式的融合；杭州女装的发展历程，最初是一条独特的创业之路，市委市政府敏锐地察觉到女装产业辉煌的前景，相继出台了女装产业结构调整、技术进步、融资渠道、女装产业园、女装产业奖励发展基金、建立女装特色街、外地名牌女装企业来杭投资等方面的政策，杭州女装前所未有的发展更源于自主创业与政策扶持的融合。

融合化引领着杭州工业的新发展。

推进现代化的经营管理范式[1]

—— 关注"工业兴市"之五

未来杭州工业在新起点、新跨越的进程中，需要企业家有放眼全球，登高远望的谋略和胆识；需要有超越自我，不断拓展的魄力和勇气；需要有洞察市场，细致入微的服务和敏锐。

杭州聚光科技股份有限公司与浙江蜂之语蜂业集团在公司发展过程中，均结合自身的特色，致力于推进现代化的经营管理范式。

一、目标：中国的西门子

聚光科技成立于 2002 年，2003 年投产时，产值只有区区 100 多万元，2004 年以来，公司销售收入以平均每年翻两番的速度快速增长，平均利润率保持在 50% 以上，2009 年销售额达到 6.3 个亿，员工总数达 1300 多人。公司跟踪光电测量尖端技术，专注于国际新一代光电测量技术、过程分析技术和实验室检测技术的研究与应用开发，产品广泛应用于环保、石化、食品、航空及科学研究等众多行业，并出口到美国、日本、英国、俄罗斯等二十多个国家和地区。公司自主研发生产的光电测量和环保监控分析系统，已超过西门子、ABB 等跨国巨头，占据国内钢铁行业企业 75% 以上市场份额，完全取代了国外跨国公司的产品，改变了高端在线仪表为国外公司垄断的局面，成为工业、环保和安全监测领域的国内最强企业。聚光科技被认定为"中国成长型中小企业 100强"、"新科—中国最具投资价值企业 50 强"，连续两年上榜"福布斯—中国最具潜力企业百强"，荣获"国家科技进步二等奖"等 40 余奖项。

聚光科技的 CEO 姚纳新认为，公司的成功缘于始终能与经济发展合拍，取决于公司的准确定位和发展目标。传统的仪器仪表行业其实隐藏着无限商机，因为我国每年需要进口 100 多亿美元的仪器仪表，尤其是高端仪器仪表几乎全部依赖进口，而国内有研发和生产高端分析仪器能力的企业非常少，目前年销售额超过 5 亿的仪器仪表公司寥寥无几，市场基本上被国外大公司占领。姚纳新觉得国内经济这么蓬勃的发展，应该也需要涌现像西门子这样的公司，能在国内乃至世界的分析仪器行业有着自己的位置。因而，姚纳新给聚光科技定的目标是：每年保持 80% 的增长速度，形成一个跨多个行业、多个技术平台、多个学科的高端分析测量仪器公司，成为"中国的西门子"。

[1] 本文发表于 2010 年 4 月 15 日《杭州日报》第 C07 版《把握市场，做强主业 —— 关注"工业兴市"之七》。

聚光科技的高速成长还源于对市场的敏锐把握。2006 年，国内在线分析仪器市场开始趋向饱和，但经济快速增长的背后，环保压力开始显现，其中，污染物的达标排放至关重要，以前，污染物的监测是通过人工采样后，送实验室分析，耗时费力。聚光科技利用紫外吸收光谱技术，迅速推出了污染物排放检测产品，在倡导低碳经济的今天，有污染物排放的企业瞬间都成为聚光科技的潜在客户。与此同时，聚光科技转向了食品安全检测市场，姚纳新的产品思路非常清晰："我们的方式从激光做到紫外线、红外线，把光谱产业做透；再从气体检测做到液体、固体检测，把不同形态的物质检测做全。"

聚光科技拥有三项核心竞争力，即强大的研发体系、完整的生产体系和完善的市场销售服务网络。聚光科技计划每年推出 2—3 个在全球领先的创新检测产品，并提供完善的技术支持和售后服务。姚纳新非常强调服务的贴身性，在产品销售方面，他并不主要依靠代理商，甚至更倾向做直销，认为这样对售后服务更有利。聚光科技有着严谨的销售、售后服务网络体系，对产品应用情况进行 24 小时动态跟踪诊断，对产品和服务进行调查和回访，了解工作人员的服务情况和客户满意度，并将信息及时反馈，一旦出现问题，公司会马上采取相应的措施，找到合适的解决方案，实实在在把每一个细节落在实处。姚纳新认为，一个企业的成功，其实是一个整体的成功，是由很多环节来共同完善和构成的。每一环都应环环相扣，紧密相连，细节是不可或缺的重要因子。

聚光科技的领军人物，有着高远的国际眼光、敏捷的发展思维、独特的管理理念。这是一个充满生机与活力的企业，伴随着中国经济的快速发展，中国的西门子可能就诞生在杭州。

二、一手拉着都市，一手牵着农村

对于杭州而言，"工业兴市"最关键是如何加快县域经济的发展。县域经济介于城市经济和农村经济之间，一方面承载着农村发展的重担，另一方面又面临着城市经济的冲撞。发展县域经济重在推动县域工业化，县域工业化实际上就是农村工业化，即在农村地域范围发展工业。

浙江蜂之语蜂业集团以本地资源为条件，引领消费、创造市场；追求质量、勇于创新，蜂业集团获得了跨越式发展，带领蜂农走上了富裕之路，充分释放了县域发展工业经济的潜能，彰显杭州"工业兴市"战略在县域的生动实践篇章。

位于桐庐的浙江蜂之语蜂业集团创建于改革开放伊始，是一家大型的蜂产品专业生产企业，主要生产鲜皇浆、皇浆冻干粉、蜂胶等十几个系列的蜂保健品，现已发展为全国屈指可数的蜂产品生产、出口基地，获得了农业龙头企业的殊荣，成为中国蜂产品行业的领头雁，产品远销日本、美国、东南亚及欧盟各国。

蜂之语独特的经营管理范式，可以概括为：一手拉着都市，一手牵着农村。

稳定、高质量的货源是蜂加工业不断发展的基石，重金属含量、农药残留等问题是蜂产品原料的最大缺陷，为了实行原料质量的源头控制，公司自办了有机蜂场，既作为公司原料的生产基地，又是各种有机蜂产品的研究实验基地。另外，公司投入巨资，成立蜂业合作社，率先在浙、皖、豫、苏等地把分散的蜂农组织起来，统一培训，统一技术指导，定点上门收购，严格检验标准，规范运作，丰年有价格保证，遇歉年随行就市，保护蜂农的经济利益，调动了蜂农生产蜂产品的积极性。形成"公司＋基地＋农户"的模式，解决了货源问题，但如何保证加工质量呢？公司出资进行企业的硬件和软件方面的建设。在硬件上，公司建立了 GMP 国际标准化生产车间，建立了先进仪器设备的检测中心，在全国同行业中率先开展抗生素、农药残留等项指标的检测，严格控制针对蜂病的抗生素药物的使用，保证原料在蜜蜂产出时就能满足要求；在软件建设上，公司多方着手，与国际接轨，在全国同行业中率先实行 ISO9001 全面质量管理体系，制定了严格的企业标准，对产品进行标志，生产过程进行电脑化管理，使产品从原料到成品的全过程都得到了有效的追溯。蜂之语带领全体合作社成员共同生产优质蜂产品，自身不断发展的同时，带动了合作社成员走上致富道路，蜂之语成为全国首批"全国蜂产品安全与标准化生产基地"和"第一批全国农产品加工业示范企业"。

创新是企业发展的动力和灵魂，蜂之语不断投入研发资金，每年开发 2-3 个新产品，并与浙江大学联合建立"蜂之语产品研究发展中心"，签订了"蜂之语系列蜂产品研究与产业化"协议，充分利用蜂产品的资源优势和浙江大学的技术优势，以浙大国家重点学科和蜂产品研究实验室为技术支撑，结合蜂之语公司灵活的机制和雄厚的资金实力，及"蜂之语"系列蜂产品的良好市场形象，加速与提升蜂产品加工的科技进步，提高蜂产品的附加值和市场竞争力，促进整个蜂业健康有序地发展。

现在，蜂之语形成了集生产、科研、观光于一体的农业综合开发型企业。蜂之语建成了 70000 平方米的科技园，设立了蜂产品研发中心，实验蜂场等；建立了蜂文化主题园，主要由多媒体演讲区、生态园、产品展示厅、生产车间参观道、蜂产品研发中心、蜂疗中心等项目组成；设置了以蜂文化、蜂之语生产和蜜蜂生态园为主的旅游观光线，科技园成为一个内容丰富的旅游景点，与不断推出的蜂之语保健品一样，吸引着都市人。

【旋转的思维】

多层次的现代化复合图景[1]

现代化，其实大家并不陌生，现代化等同于现代文明，是物质文明、精神文明、人与自然和谐相处的综合语意。令人惊喜的是，杭州有向西门子跨国巨头看齐的年轻科技型公司，也有带动蜂农致富而又不忘跻身于世界市场的农产品加工企业，杭州工业展现了一幅多层次的现代化复合图景。

"没有计量就没有科学"，要有一流的产品，就要有一流的检测手段，就要有一流的仪器仪表。随着我国新一轮经济的快速发展和技术升级，许多行业需要提升对其生产过程的分析和控制能力，高端分析测试仪器的运用对实现生产工艺优化、提升产品质量等方面具有非常重要的意义。

聚光科技凭借着质量、服务、技术、信誉，在极短的时间内创造了一个个奇迹。"技术是最先进的，质量是最好的，性价比是最优的；中国不缺低端产品，我们只做高端的，同类的产品我们一定做得最好"，聚光科技信心十足的声音具有一定的穿透力，它的实践证明，现代企业，要有国际视野，广阔的视野使他们能够在创业中抓住国际发展趋势；现代企业，要会自主创新，不断地创新让他们赢得竞争的主动权和企业的巨大发展空间；现代企业，要会经营管理，精细的管理能提供精致的产品和服务，才能成为全世界最好的企业之一。

县域工业经济可持续发展实质上是一个"社会—自然—工业经济"系统问题，即社会、自然和工业经济以及这些要素之间是根据逻辑统一性的要求，协调存在于系统整体之中的，其中的任何一个要素都不能离开整体而单独存在，孤立地去追求工业经济可持续发展必然导致经济的崩溃。浙江蜂之语蜂业集团一手拉着都市，一手牵着农村的发展方式，巧妙地解决了县域工业经济发展的困境。工业化是社会经济发展中由农业经济为主过渡到以工业经济为主的一个特定历史阶段和发展过程，实质上就是农业剩余劳动力向工业和其他非农产业转移的过程，是产业创新的重要切入点。绝大多数县域目前还处在工业化的前、中期阶段，以本地资源为条件并能充分利用当地劳动力的劳动密集型加工工业是县域经济摆脱困境、获得发展甚至是跨越式发展的主要途径。

[1] 本文发表于 2010 年 4 月 15 日《杭州日报》第 C07 版《要有自己的绝活》。

民营企业的不对等性与融资难的根源[1]

前不久，中国社科院研究生院刘迎秋院长一行专程到浙江调研，就民营企业发展中的融资与税收问题，与多位企业家进行了座谈。

一、民营企业地位的不对等性

企业家们一致认为，融资难很大程度上是因为民营企业所处的地位不对等性、不平等性而造成的，当前，民营企业家们感到不对等性、不平等性主要表现在以下四个方面。

1. 民营企业与银行之间不对等

杭州横达钢构股份有限公司的周滨副总裁谈到，严格意义上来说，银行也是企业，但民营企业与银行之间差别很大，银行掌控了民营企业发展的关键要素——资金，多数民营企业融资渠道比较单一，主要是向银行贷款，现实中，银行愿意借给你就借，不愿意借的话，民营企业就没办法；民营企业能按正常利率从银行贷到款的比例并不高，一般银行要上浮利率；银行对民营企业的要求也比较高，比如从银行贷款100万，除了资产等抵押之外，银行会要求民营企业贴息，民营企业需要完成银行下达的存款任务，需要购买银行推荐的保险，银行拉存款的一些费用也会转嫁给民营企业。总之，银行会以各种方式、手段要求民营企业协助他们完成分配的任务。

2. 民营企业与国有企业不对等

周滨副总裁介绍，钢构横跨制造业和建筑业两个行业，就钢构行业而言，一般工程总包，国有企业才有资质，民营企业不能单独承接项目，需要依托工程总包揽些分包的活，就此问题和建设部门以及行业协会沟通过很多次，国家也出台了很多支持民营企业发展的政策，但这类问题迟迟得不到解决。更有意思的是，在与国有企业业务来往中也感觉到，实际上国有企业不愿意和民营企业打交道，因为国有企业赚得多了，民营企业有意见；国有企业赚得少了，国家有意见。国有企业的老总更害怕民营企业出问题，连累到国有企业的话连自己的位置都坐不稳。

3. 民营企业与上市公司不对等

几位民营企业家反映，在政府的大力倡导下，小银行也从自身的业务特点出发，愿

---

[1] 本文发表于2012年4月16日《杭州日报》第11版《着力破解融资难——关注民营企业的发展环境（上）》。

意服务于中小民营企业，但小银行的贷款额度太少；大银行贷款额度多，但事实上多数不乐意贷给中小民营企业。相对中小民营企业融资的艰难，企业家们很羡慕上市公司：可以两年增发一次筹集资金，没钱还可以发放债券。另外，上市公司除了可以赚取正常业务的一块利润，还可以赚取材料的差额，即在原材料价位低点买进，价位高时可以抛售，而非上市的民营企业就不存在这种资金优势。

4. 民营企业在人才竞争上不平等

杭州银江环保科技有限公司的王嫣总经理补充了一条，即人才竞争不平等。她说，目前我国实行的是"养老金双轨制"的退休制度：企业职工由企业和职工本人按一定标准缴纳的"缴费型"统筹制度，机关和事业单位的退休金由国家财政统一发放。公务员、事业单位的退休金远远高于一般企业，同等条件下企业退休人员只有公务员的三分之一。因而，优秀的人才首选是公务员和事业单位，其次是进垄断行业、大型国有企业，到民营企业就业是很多年轻人无奈的选择，严重影响了社会就业平衡和人才的合理流动。在这种背景下，民营企业在人才竞争方面同样面临着不平等。

二、民营企业融资难的根源

民营企业家们分别从宏观和微观两个层面剖析了民营企业融资难的根源。

1. 现有体制造成了民营企业融资难

对金融学造诣很深的浙江达峰汽车技术有限公司总经理朱建华认为，从宏观而言，在我国，金融行业本身的垄断性，加上官本位的管理方式和指导思想，面对民营企业的贷款，几乎所有的银行行长只要感到风险较大，就会阻止贷出，上市公司的风险就小些，政府的项目为什么成为众多银行争夺的焦点，因为即使错了，政府会化解一部分风险，不会让银行全部承担。

2. 金融业本身缺失风险对冲机制

我国到目前为止，如果贷款失败，唯一的办法只能交给资产管理公司，银行自身没有风险抵抗、对冲的工具和手段。这归结为体制的缺陷，改革开放 30 多年来，金融市场仍然是不完全的市场，是计划经济留下的一块净土。朱建华总经理很形象地打了个比方，计划经济时代需要"粮票＋钞票"才能买到东西，现在，银行里需要"指标＋钞票"才能放贷，对民营企业个体而言，甚至演变成有存款才能得到银行的贷款。

3. 资金短缺造成卖方市场常态化

企业家们认为，从微观来说，民营企业在发展过程中，资金作为一种特殊的资源，短缺是一种必然现象，发达国家也都经历过这个阶段。现在企业的多数生产资料都已经是买方市场，定价权掌控在买方手中；资源短缺很容易形成卖方市场，当前，典型的唯一的卖方市场就是资金，这也说明了民营企业融资难问题常态化的原因。另一方面，融资渠道少。朱建华总经理向大家坦言：民营企业基本上把土地、房产等能抵押的都抵押了。而民营企业发展仍然需要大量的资金，缺口的资金从哪里来？民营企业通常会考虑找担保公司。现在担保公司的放大杠杆率通常达到9倍，也就是担保公司的注册资金有1个亿，可以担保9个亿，如此高风险的担保本来是政府的责任，或担保公司后面还必须有老板再保险，但政府和市场所能提供的担保远远不够。浙江很多民营企业只好选择联户联保贷款，可倒台的也不少，原因是随着社会信誉度的普遍下降，民营企业选联保成员就如同年轻人找对象一样，是件不容易的事。

4. 民营企业资金成本依然很高

浙江台州泰龙银行把放贷条件总结为四个字："三表、三品"。所谓"三表"，就是企业的电表和水表，以及与外贸企业有关的海关报关表。而所谓"三品"，则是指老板的人品、企业的产品和抵押品。

看似银行放贷条件也合情合理，几位企业家都反映这样一种现象：企业急需资金的时候往往贷不到款。这样，民营企业在承接业务的时候，通常要考虑企业资金周转，如果对方付款条件好，会以压低毛利的方式来提高竞争力。周滨副总裁介绍，钢构行业预付款一般只有20%，但材料费需要花费销售额的70%左右，有时业务非常好但不敢接单，主要是要考虑手头的资金，甚至要考虑有没有足够的资金购买原材料。再者，收款是件令企业头疼的事，一般每年11、12月份，连公司的老总都在外面收款讨债，民营企业面对的资金成本依然很高。

朱建华总经理也谈到了化解民营企业融资难的几点设想。一是加快信用机制、金融体制市场化，打破垄断，唯有竞争才能降低价格；二是大力发展金融服务业，发展多元化的非银行金融机构，如投资公司等；三是要建立相关的风险对冲机制，一个成熟、改革的金融市场，一定要组建再担保公司、再保险公司；四是金融的改革开放需要倡导混业经营，发达国家资本市场和资金市场是相互打通的，我们国家可以借鉴国外经验，建立符合市场规律的金融体系。

【旋转的思维】

警惕融资难阻碍民营企业的发展[1]

民营企业的融资方式一种是内源融资。企业不断将自己的储蓄转化成投资，是民营企业资金的主要来源；另一种是外源融资。企业通过一定方式向企业之外的其他经济主体筹集资金，包括银行贷款，发行股票、企业债券等。

根据麦克米伦融资缺欠理论，中小企业的融资缺口具有长期性，尤其在企业快速发展阶段，对外源融资的依赖性更强。事实上，我国民营企业的融资情况一直不容乐观。

填补融资缺口最有效的手段一是来自金融部门，我国商业银行普遍推行了抵押、担保制度，而大部分民营企业难以提供符合抵押条件的抵押物，所以导致一些成长性较好的民营企业无法获得贷款。从西方国家企业成长史看，处于初创期的中小企业一般固定资产较少，不足以作为贷款抵押，获得资金主要是依靠质押关键技术等无形资产。但民营企业的无形资产非常薄弱，难以吸引银行和担保公司。因而，有必要建立一些政策性中小金融机构，如由政府出资建立信用担保机构和再担保机构，发展社区中小银行和小额信贷机构，使之成为民营企业融资的新兴途径。另一方面，构建民营企业公共服务平台。以综合服务模式为企业与银行、担保公司、风险投资者等牵线搭桥，提供从民间金融到多层次资本市场的全方位金融服务；通过向民营企业提供共性技术，以降低民营企业的研发成本，帮助民营企业节省资金。

资金是一个企业从事经济经营活动的前提，是最重要的生产要素，如果一个企业不能及时筹措到其所需要的资金，再先进的技术也无法实现产业化，必定会阻碍企业进一步的发展。民营经济是国民经济中不可或缺的一部分，但民营企业依然是弱质的市场经济主体，有效解决民营企业融资难的顽症，还有待企业、银行、政府及社会各部门的共同努力。

---

[1] 本文发表于 2012 年 4 月 16 日《杭州日报》第 11 版《打好"组合拳"》。

期待减税杠杆的上移[1]

一、减税是民营企业发展之需

谈起民营企业未来的发展蓝图，一直致力于家政服务业精致化的三替总经理陶晓莺感慨万千，她说，从中央到地方政府都非常重视民营企业的成长，她所从事的家政服务业也备受党和国家的重视。2010年9月1日，国务院总理温家宝主持国务院常务会议，通过了扶持家政行业的五大政策措施。同年10月，国务院办公厅出台了《国务院办公厅关于发展家庭服务业的指导意见》（国办发[2010]43号），地方政府也通过一系列的政策和措施，对家政行业开始加大扶持和监管的力度。

杭州横达钢构股份有限公司的周滨副总裁认为，当前各省均出台鼓励农民工就地就业的政策，唯有较高的收入待遇才能留住人，民营企业用工成本上升很快，而利润没有同比增长，就钢构行业而言，2011年只有3%—4%的净利润。长时间的低利润会影响民营企业今后的扩张，如果政府能适当降低税赋，无疑有助于民营企业的持续发展。

产品连续进入三届奥运会的浙江华鹰集团发展态势良好，熊樟法总助理也道出民营企业的艰辛，税费项目繁多，民营企业成本直线上升，各种因素叠加使得民营企业不堪重负。

另外几位企业家们谈到双重纳税的现实：现各省、市等地方政府为了争夺税源，往往要求企业在项目当地设立子公司，如果不设立的话，项目就很难拿到，其实，对很多企业来说，做完一个项目就离开了，子公司的设立实际上增加了民营企业的负担。另外，一些大的项目分总包和分包，在项目运作实施的时候，总包要上交一次税，分包还需要再纳一次，存在双重纳税的困境和现象。

二、减税是家政行业发展之需

随着老龄化社会的到来，家政服务业的发展空间很大，但目前家政服务业存在很多不成熟不完善的地方。作为家政龙头企业，陶晓莺总经理思忖着如何担负起"增加就业、改善民生、扩大内需、调整产业结构"的重任？陶晓莺总经理向大家介绍到，三替服务人员，其构成多半是文化水平不高的农村妇女，受教育程度和业务素质有所欠缺，对工作的认识、技能、意识、行为、生活习惯等不能完全满足雇主的需求，关键是绝大多数服务人员认为家政不是固定职业，员工流动性也很强。三替小时工的价格，近

[1] 本文发表于2012年4月23日《杭州日报》第07版《期待减税减费——关注民营企业的发展环境（下）》。

20 年来上涨了不少，从最早的每小时 8 元、10 元、12 元、18 元一直到了现在的 25 元，由于受短期行为想法的影响，很多服务人员是长了工资而不长技能。

国家人保部一位负责人认为，普及员工制是未来家政行业的发展趋势。从保障从业者权益而言，实施员工制有利于部分服务人员从农民转化为市民，有利于行业的有序发展。但"员工制"会增加家政公司的财政负担和经营风险，一边对服务人员要承担社保福利等支出，一边面对客户要承担家政服务风险。陶晓莺总经理希望政府对企业性家政公司给以减免税费等多方面扶持，引导其减少家政人员管理费用的提取，降低雇主家庭负担，从而创造更多的家政岗位，对提高市民生活品质、创建和谐社会起到积极的作用。

三、减税是促进社会公平之需

浙江达峰汽车技术有限公司的朱建华总经理也认为，政府为了加快农民增收，减轻农民负担，建设社会主义新农村，考虑到我国农业生产模式单一，抗风险能力差，2005 年开始，我国就全面取消了已经征收两千余年的农业税，并且还采用种粮直补、生产资料补贴和农产品最低收购价政策等方式对农业生产进行补贴。其次，政府实施了大规模的出口退税政策。除了一些国家限制或不鼓励出口的商品外，大多数需要征缴增值税或消费税的货物产品都可以申报出口退税，退税政策对提高浙江民营出口企业效益方面的作用非常明显；同样，政府考虑到高新技术企业在技术上的巨大劣势，利用财税政策对高新技术产业也进行了扶持，如对高新技术企业的免税、减税政策，以及通过一些专项基金对高新技术企业的研发给予了支持。再者，政府为了促进残疾人就业，对安置残疾人的单位，实行由税务机关按单位实际安置残疾人的人数，限额即征即退增值税的办法。从事家政行业特别是保姆职业的人，大部分是农民，或是城市中的弱势群体，与会人员一致建议政府像免除农业税那样，彻底为家政企业免税，以帮助家政企业长远发展。

民营企业是向社会提供就业、拉动浙江经济增长的主力军。与会企业家呼吁加大对低收入人员的减税力度，扶持家政类民营企业的发展，通过减税杠杆的上移，来增加社会低收入人员的工资收入，从而促进整个社会的公平。

【旋转的思维】

减税促进社会公平[1]

财政部最近发布了"2011年税收收入增长的结构性分析",2011年全国税收总收入完成89720.31亿元,同比增长22.6%,再次远超GDP增速。其中,企业所得税增长34.7%。2011年底的中央经济工作会议也提出,财政政策要继续完善结构性减税政策,帮助企业应对高成本困境,通过"减税、减费"等方式切实为企业减负。

家政服务业是随着社会经济的发展以及人民生活水平的提高而迅速崛起的新兴服务业,它对提高人民的生活水平、改善生活质量、促进就业、扩大内需具有积极的作用。随着现代社会生活节奏的加快,社会竞争的激烈,老龄化社会的日渐迈入,都形成了对家政服务的强烈需求,在现代都市生活中家政已经是一个不可或缺的行业。对于大多数文化程度不高,没有专业技能的人来说,家政服务行业经过短暂的培训即能上岗,又是一个劳动密集型的行业,能解决大量流动人员的就业,对社会安定意义重大。从发达国家家政服务的多样化、高端化实践来看,家政服务业还具有高附加值、高利润空间的特点,效益相当可观。

家政业也是一个弱势行业,其运作模式仍然是"中介式服务",利润来源主要依靠收取介绍费,或与家政服务员的报酬分成。家政服务人员多数是我国社会分层中的低收入者,而着力提高低收入者群体的收入水平,是扩大中等收入者队伍,维持社会稳定,跨越"中等收入陷阱",促进社会公平的客观要求。

因而,发挥财税政策的产业调节和资源配置作用,提升和重塑家政行业,是家政企业和社会共同的需求与愿望,更是为面临困境的民营企业增加向上发展的动力。

---

[1] 本文发表于2012年4月23日《杭州日报》第07版《放水养鱼》。

民间投资开始青睐新兴产业

2010年浙江省规模以上工业增加值 10397 亿元，其中民营经济增加值达 8586 亿元，占 82.58％，民间投资是浙江工业化的主要动力。但民间投资的产业结构分布一直不尽合理。民间投资主要集中在一般竞争领域，比如批发零售、住宿餐饮、制造业等技术含量低的传统产业，基础设施、大型制造业、金融保险业、科教文卫等社会服务业中，民间投资一直严重缺席，电力、石化、电信、民航等领域基本是国有资本独占鳌头。

一、"不想干"和"没法干"的苦衷

近年来，由于劳动力、原材料、土地、资源环境等成本不断上升，以及人民币升值压力，多重因素的叠加，共同推高生产成本，压缩企业利润空间，使得传统产业利润薄如刀片甚至无利可图。另一方面，由于我国内需严重不足，在许多行业都存在产能的相对过剩问题，市场上普遍消费不畅，产品滞销，资本进实体行业，难以赢利。再加上过度行政性垄断现象严重，强大的行业垄断势力往往对民间投资造成"挤出"效应。"仅凭做实业的微薄利润难以支撑企业长期持续发展"。很多企业没办法静下心来做实业。"加上没有什么创新能力，传统产品的市场越来越小，原来积累的一些资本，还不如投到别的地方"。一些逃离实体的资本就变成"热钱"，在高额利润回报的"诱惑"下，民间资本有更强烈的动力去追逐虚拟经济。

实业立国是经济发展之本，怎样把大量的民间资金引导到实体经济中去？浙江各级政府愈来愈关注民营经济的发展状况，在民间资本市场准入等问题方面敢于创新，如建造杭州湾跨海大桥共吸收民间资本高达 50.26％。可由于浙江民间资本数量可观，更需要合理引导民间资本的投资流向。

二、温州煤老板7个亿投资污泥发电

徐伟文是地地道道的煤老板。他直言做煤矿生意的确来钱快，但开采风险太大，不仅要担心生产安全，还要考虑政策变动等。

2004年，徐伟文就带着煤矿赚来的钱回到温州，投资了滨海园区污水处理厂。在污水处理厂项目中，他发现了一个难题："污水处理厂产出大量污泥，过去一直用填埋的方法，但并不理想：一是需要占用大量土地，二是填埋到地下的污泥会污染地下水源。有专家提出焚烧淤泥，但安装专门的焚烧炉成本太大。"

"这大量的污泥，到底怎么处理呢？"谁也没想到，徐伟文从难题中看出了新机遇——污泥发电供热。从城市污水处理厂拉来的充满臭气和细菌的污泥掺入煤炭，再送入电厂的高温锅炉焚烧，能供电、能发热，残渣还能做砖头。

但污泥发电供热厂需要大量的资金投资，接近7亿元。其中一期投资4亿元，用于锅炉、汽轮机、发电机等设备的购置与改进技术；二期3亿元。

经徐伟文的"游说"，温州4位煤老板朋友心动了，成为合作伙伴。

企业效益理想吗？初步估算，一期工程日处理污泥能力为1500吨，完全能"消化"温州市区逐年递增的污泥；年可供电2.8亿度，能满足数十万家庭用电；年供热蒸汽200万吨，能为四五十家用热大企业供热。这样算下来，一年可节省标准煤近8万吨，减排二氧化硫3000多吨、烟尘7000多吨。

"其实，这么大的投资，发电还不能保本，卖砖头也是小本生意，赚钱还得靠卖热蒸汽。对药厂、啤酒厂、服装厂等来说，热蒸汽必不可少。"徐伟文解释，"厂址选在温州经济技术开发区丁山垦区一处近200亩的地块上，就是由于这里用热大企业多，按保守估计，平均供热每小时在150吨左右，企业才有钱赚。"

届时温州市区污水处理厂产生的污泥，都将在宏泽公司的锅炉里"涅槃"。

"煤老板们现在能睡安稳觉了，不用担心矿里出事故了。"徐伟文开玩笑说。

据温州市经贸委资源节约与综合利用处处长吴健玲表示，这个由"城市病"逼出的新项目，是温州经济技术开发区"双十大工程"的重要组成内容，也是温州"十二五"重点工程之一。

推动民间游资回归实业，发展战略性新兴产业，不仅有助于为新兴产业发展提供充裕的资金支持，而且有助于减少过剩流动性，缓解通胀压力。

【旋转的思维】

有效引导民间资本的流向

一棵树的养分本应在根部，现在全跑到叶子上，叶子长得很茂盛很沉重，结局会怎样？有学者以此来警示民间资本远离实体经济的后果。

与其他资本相比，民间资本的特征非常明显，一是逐利性。这是资本的天然本性，民间资本更愿意投资于流动性好、收益性更高的领域。二是冲动性。民间经济有"草根经济"之称,"草根金融"在民间也异常活跃。民间的投资方向具有很强的冲动性,哪里有利润,哪里就有民间资本。三是短期性。民间资本在多个领域一般是快进快出,有利可图时便迅速切入,获利后迅速撤离。

民间资本的优势可归结为对市场的反应敏感、运行方式灵活多样、市场的覆盖面广阔。但同时,灵活的民间资本若无合理制度加以规范引导容易导致投机活动盛行,给国家以及地方经济发展带来很大的不确定性,只有合理的引导才会成为发展的强大推手。行之有效的方法是提高民间资本的使用效率,使其投资价值得以充分体现,而不是由个人的喜好或者是预期,随意地进行投资,冲动行为有很大的不可预测性,避免冲动性,降低风险,理性地思考投资的内容及方向,稳妥得到回报。除此之外,政府的作用更不可或缺。

第一,实行开放式的准入政策,拓宽民间投资领域。降低民间投资市场准入门槛,保障不同市场主体的平等竞争;逐步消除行政性壁垒,通过监管体制及监管方式改革、资本多元化的改造、可竞争性环节的分离,加快重点垄断行业的开放;根据基础设施、公益事业的盈利水平,有针对性地采取特许经营、公私合营、建设移交等方式,吸引民资投入;积极引导民间资本进入新能源、环保产业、生物医药、电子信息等新兴产业,以多种形式参与公共服务、社会事业、公用设施等领域建设。

第二,积极利用市场机制,强化市场作用。市场经济是主张把民间能投资的领域,尽可能交给民间,然后按照市场的原则,展开公平竞争,用市场机制分散风险、降低成本,从而实现资源的最佳配置。当出现"市场失灵"的时候,政府及时纠正偏差,确保资源配置的合理化。实现政府资源与民间资本的最佳配置,促进民间资本形成社会资本。

第三,构建民间投资的财税支持体系。对鼓励发展的民间投资项目,通过补助、减免税、贴息贷款等优惠政策加以支持;加大企业初创时期和微型企业的税收优惠及财政补贴力度,如采用"先征后返"的办法,在一定期限内对企业提供用地、厂房租赁、水电方面的政策支持;加大对企业转型升级、设备更新和技术研发的财税支持,通过设备投资抵免、亏损抵免、再投资退税、加速折旧、贴息贷款等手段,鼓励企业增加研发和设备投资。

第四,优化民间投资服务体系。跟踪最新国内外产业投资动态,提供准确、充分的投资信息;建设包括政策、技术、市场等在内的综合性投资信息网,设立投资项目库；推进投资服务机构的建立，完善民间投资在管理决策、营销策划、投资咨询和审核报批等方面的综合服务，充分发挥市场中介服务的积极作用；运用新闻媒体等宣传手段及时向社会公布有关产业政策、投资政策、市场需求、项目规划等方面信息和预警信号，为民间提供投资导向。加强对民间投资发展动态的监测和分析，科学制定有关规划和配套政策，优化投资环境，简化审批程序，加强政府对民间投资的支持和服务。

对于转型中的浙江经济而言，民间资本有着极其重要的作用，只要引导其进入专注而稳固的投资渠道，民间资本就有望成为浙江经济转型腾飞的引擎力量。

需求、供给话"电荒"[1]

今年上半年，我国全社会用电量累计 22515 亿千瓦时，同比增长 12.2%，造成了 2004 年以来最严重的"电荒"，特别是 5 月份以来，华东、华中、华南地区相继出现了"供电趋紧"持续蔓延的态势。由于国家发改委要求地方政府做好电力需求侧重管理工作，确保居民生活、重点领域用电，绝不允许拉限居民生活用电等声明，因而，许多市民并没有感受到"电荒"，大量的中小企业则被要求限制用电，有的企业甚至要忍受着拉闸的煎熬。

伴随着经济的快速发展，我国用电量也高速增长。2002 年中国开始出现局部"电荒"，到 2004 年演变成为 24 个省市的"拉闸限电"。在应对电荒过程中，我国的电力装机总量强劲增长。在电荒最初袭来的 2002 年，我国的电力装机只有 3.57 亿千瓦，到 2010 年装机达到 9.6 亿千瓦，整整增加了 6 亿千瓦，居世界第二；发电量也从 1.65 万亿千瓦时增加到 4.2 万亿千瓦时，翻了 2.5 倍，一举超过美国的 4.1 万亿千瓦时，跃居世界第一。

并不缺少电力装机的中国为什么会出现"电荒"呢？我们不妨从需求与供给两方面综合分析"电荒"的原因。

一、需求层面的分析

1. 经济持续向好，用电需求旺盛。用电需求过快增长是今年大面积电荒的主要原因。今年以来，大部分省份 GDP 都将保持两位数增长，电力需求将明显增加。

2. "十二五"开局用电飙升。今年为"十二五"开局之年，一批新上项目快速上马导致用电量大幅飙升。近年来在 4 万亿拉动内需投资，7 万亿信贷和地方政府发债 10 亿的强劲带动下，一个个建设大项目、大工程从去年起形成产能的集中释放，导致用电硬增长。

3. 为贯彻中央提出的节能减排目标，去年下半年有些地方出现了拉闸限电的情况，企业生产受到干扰，库存基本清空。今年企业开足马力生产补库存，尤其是去年底受节能减排政策抑制的高耗能行业用电量恢复增长，是上半年用电紧张的一个主要原因。

---

[1] 本文发表于 2011 年 8 月 15 日《杭州日报》第 A07 版《析"电荒"》。

二、供给层面的梳理

对本次"电荒"做个简单的梳理，原因主要有以下几点：

1. 电煤价格的飞涨导致火电厂亏损，影响了其发电积极性。今年以来，因为煤价持续走高，每吨达到 860 元左右，电厂发电的上网电价为每千瓦时 0.537 元，意味着电厂每发一千瓦时电，就要亏损 0.2 元。所以是煤价过高导致火力发电成本大增，而上网电价又受政府管制，火力发电企业发电越多就亏损越多。无奈之下，火电企业纷纷以"检修机组"为名减少发电量，使得本来就缺电的重庆、湖南、浙江等地纷纷告急，"电荒"呈愈演愈烈之势。

2. 煤炭生产与消费逆向分布，电煤远距离运输受铁路运力不足的制约，煤炭物流不畅，中间环节层层加价，导致电煤价格攀升，煤荒加剧"电荒"。

3. 高能耗产业增长速度过快，加剧了"硬缺电"，而电网输送能力有限，地方利益之争更使一些电力富余省市的电无法外送。

4. "十二五"将温室气体与 GDP 挂钩，制定了"单位国内生产总值二氧化碳排放降低 17%"的硬性指标。一些火电输出大省本来火电就不赚钱，现在更不愿再"将污染留给自己，将蓝天奉献他人"了。浙江缺电的一个主要原因就是安徽跨省输电的减少，跨省输电将成为一个新的难题。

总而言之，我国"电荒"的根子并不在缺少装机，煤、电价格理不顺，长期积累的"市场煤、计划电"矛盾再次凸显，电价机制未形成，"价格倒挂"严重影响电厂发电积极性，才是导致这轮"电荒"的主要原因。

【旋转的思维】

市场化改革：治理"电荒"之本[1]

经济学中的"荒"主要是指商品短缺或商品供给不足，市场经济中商品本不应该出现"荒"，因为一旦商品短缺，价格杠杆会自行调节供需之间的矛盾。之所以出现"荒"，肯定是市场机制运行不正常而造成的。

事实上，2004 年电荒之后，我国相关管理部门尝试了多种办法，如"加速增容"、"煤电联动"、"需求侧管理"、"分时电价"、"阶梯电价"……但时至今日，供需两方面因素的汇合，却使"电荒"成为了一种常态。如果说从需求层面，"电

[1] 本文发表于 2011 年 8 月 15 日《杭州日报》第 A07 版《市场化改革是解"电荒"之本》。

荒"带来的启示是加大抑制高耗能产业力度和转变经济发展方式，那么，从供给层面，"电荒"的教训是电力结构性矛盾、电价形成机制等"市场化改革"的药方亟待开出。

当前，电网公司面对发电企业是一个总买家，对于电力消费者又是一个总卖家。由于垄断，它对买方和卖方都无需承担责任，而它挡在市场之间，又使发电企业和用电户之间根本无法进行有效交易，彼此也无法相互承担市场责任。加速推进电力市场化改革，首先应允许更多元的市场主体进入，引入两三家实力相当的竞争对手，打破电网一网独大的局面。其次是坚持市场化定价的机制，允许更多的民营企业进入到发电、输电行业当中。并通过完善电力交易市场，进一步促使发电、输电、配电和售电各个环节有效衔接，形成市场化的电力价格形成机制。如放开发电价格规制，实现发电竞价上网，促进发电企业与大用户之间直接签订电力购销合同和电力竞争性市场交易机制，完善对电力具有自然垄断性质的输电和配电环节的规制，通过有效的规制与反垄断政策并用的方式，防止输配电环节的限制竞争或损害上游顾客的行为。

国家发改委提出，"十二五"要加速电力体制改革，只有坚持改革才可能彻底解决电荒，否则面对电荒，慌也没用。

"电荒"倒逼节能减排[1]

国家发改委在《2011 年上半年电力行业运行情况》中披露，今年 1 至 6 月，我国重工业合计用电量达 13932 亿千瓦时，增长 12.0%，约占全社会用电量的 61.9%。其中，建材、冶金、化工、有色四大高耗能行业合计用电量 7482 亿千瓦时，同比增长 11.2%，拉动全社会用电增长 3.8 个百分点。今年的"电荒"主要是因电力需求增长过快而"荒"，高耗能产业仍是全社会用电增长的主要拉动力量。

电是制造业的生命线，但我国单位产值能耗是世界平均水平的 2 倍多，比日本高出 8.7 倍。国家能源局局长刘铁男认为："部分地区电力供应趋紧，根本原因是经济结构不合理、增长方式粗放、过多依赖能源资源消耗。"

一、"电荒"迫使政府差别限电

面对用电偏紧的状况，全国有 20 个省采取了有序用电措施，其中，浙江、广东、贵州每月都有限电，江西和湖南除 2 月外均有限电。来自国家电网网站的消息显示，许多地方政府启动了电力供应应急预案，对高耗能、高排放、低产出的企业实施了限电，以科学调度积极应对"电荒"之困。

温州市经贸委、温州电力局的相关人士表示，针对有序用电方案采取不同企业区别对待的原则。对重点用电大户特别是全市 50 强企业，列入重点保供电范围，确保重点工程可靠用电；对高能耗、落后产能企业一律实行限电、停产错峰、减半用电等方案，限电指标提前告知，使企业事先做好准备；对成长型高新技术企业、新能源企业，一般予以相应保障，提供最优化用电方案。并启动对 21 家重点用能企业的排查，对超限额用电的将实行"每度加收 0.1 元至 0.3 元"的惩罚性电价。

上虞市政府出台政策：每度电耗税收贡献 3 元以上的企业被列入优先保障，而每度电耗税收贡献在 0.1 元以下的企业将成为重点限电对象；26 家纳税总额在 2000 万元以上且每度电耗税收贡献在 3 元以上的企业，以及承担市热电企业顶峰发电补贴费用的部分行业龙头企业，为优先保障企业；40 家每度电耗税收贡献在 0.1—0.25 元之间的企业和年综合能耗 1000 吨标煤及以上，以及建材、化纤、金属压延等高耗能行业企业，被列为相对限制企业；35 家每度电耗税收贡献在 0.1 元以下的企业和被列入省、市淘汰落后产能计划的企业，为重点限制企业。

[1] 本文发表于 2011 年 9 月 5 日《杭州日报》第 B07 版《再析"电荒"》。

浙江首次开展错避峰经济补偿试点，鼓励低谷用电，企业参加错避峰可获得经济补偿；广东省各级政府已经陆续启动错峰用电措施，限制对冶炼、粗钢、电解铝等高耗能产业用电；湖南省株洲市电力局对一些高能耗、高排放、低产出的企业下发了限电通知。

二、"电荒"推动企业节能减排

面对如此严重的"电荒"，面对一年一度的"拉闸限电"，企业们不得不利用一切办法来解决用电的问题。一些企业联合购买发电设备，但发电机使用成本比较高，一般10个小时需要柴油费1000元，每发1千瓦时电差不多要5元钱，比"国电"高1倍。不断上升的运营成本，使企业不堪重负，为了降低成本，有些企业只有在业务忙时遭遇停电才用发电机，如果业务不多，遇到停电索性停工。此外，柴油机发出来的电，电压极不稳定，只能用于一些初级产品生产，不能用于精加工。自己发电在短时间还可以维持企业运转，长久以往，企业赖以生存的成本优势，将不复存在。

限电之下，不少企业在"电荒"中通过节能技改寻求升级和转型。如雅戈尔日中纺织印染公司是纺织行业节能减排先进企业之一，公司在迅速成长为纺织印染行业龙头企业的同时，一直把节能减排、绿色环保作为长远发展的战略目标，引进了世界一流的全套生产设备，确保生产装备具备世界先进加工水平和节能减排能力，同时建立了完善的电脑管理控制系统，加大设备、工艺、流程改进力度。

慈溪市周巷镇每月开展能耗统计和星级重新评比，企业星级上升，享受的政策支持就越多。通过动态星级管理，全镇企业自主发动了节能降耗的持久战，电力部门主动充当"军师"角色，上门为各家企业诊断把脉，提出优化用电建议，最终取得了效果。很多企业不仅真正做到了节能降耗，在转型升级的道路上迈开了重大一步，还保持了生产线的持续稳定，从而保证了企业效益的稳步提高。

限电不断倒逼企业拿出"壮士断腕"的勇气，借助科技的创新来积极寻求适合自身的发展路径。通过产业的转型升级获得的效益来消化原材料及设备价格提升后上涨的成本，努力转战高新技术产业，坚决淘汰落后产能和高能耗粗放型生产方式。

面对可能愈演愈烈的"电荒"，政府和企业均绷紧节能减排这根"弦"，对不同行业和企业实行差别电价，并作为拉闸限电的重点，以此倒逼企业推进节能减排，加快淘汰落后产能，实现发展方式的转变。

此外，通过降低能耗谋求更多发展空间的同时，也给新能源产业带来了新一轮发展机遇。宁波在应对"电荒"的探索努力过程中，已开启一种良性循环，将风力发电作为城市新的经济增长点。2010年，宁波开发区两个大型风电项目落户。两个项目建成后，年可发电2.2亿千瓦时，与同功率火电机组相比，每年折合节省标准煤7万吨，减排二氧化碳近18万吨。新能源技术的应用和新能源产业的大力发展，更有力促进了城市能源结构优化和经济转型升级，这是电力资源紧缺所带来的正效应。

【旋转的思维】

转变生产方式应对电荒[1]

2010年我国GDP不足世界的10%，但是能源消费总量已经占世界总量的20%。也就是我国的人均能源消费与世界平均水平大体相当，但人均GDP仅是世界平均水平的50%。与发达国家相比，我国每增加单位GDP的废水排放量要高出4倍，单位工业产值产生的固体废弃物要高出10倍以上。单位能源消费效益反映了我国在产业结构、创新能力等经济质量方面存在的巨大差距，也体现了我国迫切需要改变粗放型经济发展的要求。全面推进节约能源、原材料、水、土地等资源，转变经济增长方式，已是实现国民经济持续快速协调健康发展的必然选择。国家能源局提出，在资源供给增长有限的情况下，必须充分利用能源资源约束增强形成的市场倒逼机制，推进产业结构调整，提高能源利用效率、控制能源消费总量，推动经济发展方式转型。

企业，尤其是高耗能企业，在"电荒"的现实面前，更增强了危机感和紧迫感，仅从节约成本的角度，企业也应当把节能降耗放在重要位置，过度地消耗资源和污染环境，将最终制约企业的发展。转变高能耗高污染的粗放型增长方式、建立节约型企业不仅是解决环境问题，也是企业提高自身竞争力的迫切需要。企业作为社会经济活动的基本单位，作为自然资源的利用者，应该主动在节约资源和保护环境方面承担起社会责任，成为建立节约型社会的主体；在发展战略上，集中走内涵式扩展模式，通过不断加大科技投入，进行技术改造、研发新技术并实施产业化，促进新工艺和技术的开发和应用，提高能源的投入产出效益，从而把科学发展观落到实处。

[1] 本文发表于2011年9月5日《杭州日报》第B07版《转变生产方式应对"电荒"》。

可喜的是：在缺电限电的倒逼机制下，企业转变已初现端倪。但愿"电荒"作为催逼转变生产方式的鼓槌，激荡起由低端高能耗生产转向高端清洁制造的乐章，这也是我国企业的最终出路。

有序用电、开源节流破解"电荒" [1]

杭州作为浙江省省会、著名的风景旅游城市，经济社会发展迅速，电力需求强劲。2011年，杭州电网夏季最高负荷将达到990万千瓦，用电高峰期间出现最大115万千瓦的缺口。

面对严峻的缺电形势，大部分居民并没有感觉到，无序的拉闸、限电肯定会极大影响居民生活和社会正常用电秩序，杭州是如何破解"电荒"的呢？

一、有序用电破"电荒"

杭州面对用电负荷骤增、用电趋紧的现象，为确保居民的正常用电，为了让居民有电烧饭、点灯、看电视和消暑，市电力局在主动管理上下工夫，科学合理安排错峰、避峰方案，引导企业有计划轮休和避峰让电。让供电企业可以从容地面对缺电，做到"有电供得出，缺电限得下"，最终实现保民生、保重点、保安全、保有序、保节能减排的"五保"目标。

早在2003年12月，杭州市就成立有序用电工作协调小组。市政府领导直接站到幕前指挥作战，发出了"以铁的纪律和铁的手腕加大力度落实有序用电方案"的声音，开始形成政府指挥下的"组织联动"机制。

随着管理机制的成熟，杭州市实施有序用电工作目标责任制。市政府与有序用电工作有关主体部门签订责任书，明确各级政府和供、用电三方的责任、目标，进行责任考核，构筑起多方参与、紧密协作、各司其职的迎峰度夏、抗缺电工作机制与网络。有序用电从应急转向常态、从幼稚转向成熟，今年杭州的有序用电预控措施增加到11条。杭州市电力局与1600多家企业签订错避峰协议，组织2300多家企业实施每周"轮休制"，进一步完善了"让电于民"和"限电不拉电"的保障体系。

成熟有效的有序用电机制为杭州经济稳健发展提供了可靠的支撑。

二、开源节流解"电荒"

在不断完善有序用电机制的同时，杭州市政府还出台鼓励开源节流的一系列"政策联动"措施，打出了一套全民节电的"组合拳"。如，对顶峰发电的企业实行财政补助，对实施错避峰措施的企业实行基本电费补偿，资助高峰期间企业自发电，推广冰蓄冷空

---

[1] 本文发表于2011年10月5日《杭州日报》第04版《三析"电荒"》。

调和节能灯具等技术产品等等。

同时，大力倡导全社会节能节电。如倡议用电单位和市民将空调温度调到 26℃，在提醒市民注意安全用电、节约用电的同时，为广大市民节电支招；向社会征集节能节电的好主意、好点子、小窍门等，很多热心市民讲述自己的节电窍门，让更多的市民分享。

发动市民坚持从身边的事情做起，从每时每刻做起，从点点滴滴做起，形成崇尚节俭的行为方式，形成人人为建设节约型城市尽责出力的良好习惯。

以前，有的单位办公室宽敞明亮，自然光照充足，但日光灯照常开着。楼梯拐角处、卫生间、走廊上，无论上下班、白天、晚上，都亮着白炽灯、"长明灯"。有的办公室空无一人，空调仍然照开，甚至一边使用空调一边打开门窗。还有的办公室电脑、打印机长时间不使用，也不关电源，长期处于开机状态等等，办公设施浪费现象时有存在。一些单位针对能源浪费问题，开展能源紧缺体验活动，通过停电、停开空调、电梯，体验资源短缺对现实生活的影响，增强职工对资源紧缺的紧迫感，激励职工关注节约，自觉节约，监督节约，从而形成良好的资源节约氛围。通过营造节约资源光荣的浓厚氛围，倡导文明节俭的生活方式。

【旋转的思维】

节能也是能源的一种来源[1]

虽然我国的人均电力消费水平与发达国家仍相去甚远，可就庞大的人口规模而言，以高耗能为特征的生产和生活方式一旦形成，将对未来经济社会可持续发展产生不可估量的后果。并且在未来城市化的推进过程中，技术进步即便可以提高能源的使用效率，但伴随着城市化的快速发展，为满足经济增长和都市社会现代化的需要，我国能源消费总量仍将要经历一段刚性的高增长阶段。

要想解决能源不足的问题，如果增加供给有困难，就只能减少需求。

在我国第十二个五年规划中，提出了到 2015 年将单位 GDP 的能源消费量削减 16% 的目标。不仅政府，企业也充分认识到了节能的重要性。在今年 3 月"中国发展高层论坛"上，中国海洋石油总公司傅成玉总经理直言：中国不缺乏能源！缺乏的是对传统能源的高效利用和清洁利用的战略安排，和激励能源技术创新的

[1] 本文发表于 2011 年 10 月 5 日《杭州日报》第 04 版《节能也是能源的一种来源》。

制度安排和政策导向。我国的能源使用效率太低，既造成了能源资源的极大浪费，也造成了对气候环境的严重污染。我国单位 GDP 的能源消耗总体上来说是美国的 3 倍，欧盟的 4 倍，日本的 5 倍。从这个角度上说，中国不缺能源。我们最大的能源是节约。

上世纪 70 年代，日本在遭受石油危机后，向全社会倡导节能理念并采取了多种节能措施，日本 1974 年度的《环境白皮书》中有这样的一段表述：通过此次石油危机……考虑今后我国应该努力的方向就是实现无公害和节能的经济结构，在环境保护的前提下将能源的有效利用渗透到国民经济的每一个角落。

这一理念和行动也适用于当今的中国、当今的杭州。电是基础能源，是现代工业生产、市民生活离不开的必需品。杭州市电力局频繁启动错避峰、有序用电方案，保证了市民用电不受影响。事实上，一些企业用电十分紧张，因而，解决"电荒"问题，不能仅仅依靠实施有序用电方案以及发电量的增加，还需站在民生大计和经济持续发展的全局高度来看待。开源不如节流，杭州市政府及时宣传，通过增强紧迫感和责任感，达到营造氛围的目的，增强了市民的节电意识，提高了市民的电力利用水平，共同应对了夏季的"电荒"。

因为节能也是能源的一种来源。

转型升级

创新发展理念　转变增长方式[1]

　　"创新发展理念、转变增长方式"是树立和落实科学发展观的本质要求和根本举措。党中央在《国民经济和社会发展第十一个五年规划的决定》中明确地提出，要以科学发展观统领经济社会发展的全局，要转变发展理念，创新发展模式，提高发展质量。在今天的社会经济的环境里，有必要利用这次西方国家的金融风暴，深刻反思改革开放三十年来的发展理念与增长方式，正视当前所面临的生存缺陷与发展危机，汲取其他国家和自身的经验教训，创新发展理念，转变发展方式，走出一条具有新的价值追求和发展方式的现代文明之路，这将是对中华民族也是对全世界的一大贡献，也只有这样，中国经济才有可能续写下一个三十年的辉煌，才有可能成为真正的世界强国，才有可能走出一条切实发展自己的道路。

　　今后我们将走什么样的发展道路，树立一个什么样的发展理念，最终到达一个什么样的发展量级，需要实现以下六大转变。

一、由外向型经济向内需发展型模式转变

　　外向型经济的发展模式有两种，一种是依靠技术，通过技术与品牌的交换，获得巨额的财富和资源；另一种是出售资源和出卖劳动力，最终容易遭受资源的消耗、环境的破坏，这种增长方式处于发展生物链的最底层，享受低层次的产业待遇，拿着廉价的产业工资，时间一长，产业工人还将丧失应有的消费能力。而当一个国家的民众的消费能力丧失到一定程度后，经济发展的动力机制就会不足乃至消失，经济出现停滞不前甚至倒退的现象。世界许多国家的经验证明，一个国家人口的多少，决定了这个国家的经济规模，而一个国家的经济可持续发展能力，最终是由这个国家民众的消费能力所决定的。因此，对一个赶超型的发展中国家，特别是一个还不具备很强原创能力的国家来说，如果把主要精力集中到发展外向型经济上，最终会摧毁经济发展的动力。多年发展下来，我国出口外向型经济的发展模式弊端重重，我国最终消费占 GDP 的比重已从上世

---

[1] 本文发表于 2008 年 12 月 18 日《杭州日报》第 C06 版《创新发展理念 转变发展方式》。

纪 80 年代的 62% 下降到 2005 年的 52.1%，居民消费率也从 1991 年的 48.8% 下降到 2007 年的 37%，可世界平均消费率却高达 78%－79%。随着国际金融危机的爆发，国际消费市场萎缩，尤其是美国市场的萎缩，导致了出口的急剧下降，驱动经济发展的三驾马车似乎都走向动力衰竭，原来的经济增长模式正面临巨大挑战，中国急切需要摆脱过度外部依赖的思维方式，由外向型经济向内需发展型模式转变。

二、由投资片面带动向全面发展转变

经济学家吴敬琏一再强调，中国经济结构存在严重问题，必须尽快调整。这几年经济增长越来越依赖于固定投资的提高，2007 年固定投资比重达到 55%，在宏观调控严厉、货币政策紧缩的背景下，2008 年上半年仍然高达 52.3%。实际上这种模式一般在短期内会造成经济过热，长期会造成产能过剩，导致通货收缩。比如在许多地方，房地产投资已经成为地方经济增长的引擎，在分税制和土地收益是预算外收入的政策框架下，地方政府有着强烈的机会主义冲动和倾向。表面上看，房地产业繁荣推动了经济增长，增加了地方财政，然而由于土地要素的稀缺性，房地产总体而言是个不可持续的行业，房地产拉动地方 GDP 增长与财政增收同样不可持续。房产的过度投资，是以更大范围、更多行业的投资建设需求被压抑为代价的。同时，房产过度繁荣又是抑制内需的重要原因之一，高房价将民间财富洗劫一空，严重影响了普通民众的消费信心与消费能力，房价越高，可以说对内需拉动的破坏性就越大。政绩考评应从单纯的 GDP 指标，转向包含民生与长期经济增长潜力的综合指标，健康的经济发展应由投资片面带动向全面发展转变。

三、由过度引进外资向扶持民族工业转变

中国是个落后的发展中国家，迅速崛起是中华民族的心声，快速发展是全体人民的共同要求，但一旦将这种要求达到不合理的高度，甚至成了全社会挥之不去的一种思维定势，那就会对社会经济稳定发展带来不良的影响。为了赶速度和拼凑 GDP，不遗余力地借用外力，大量吸引外资，引进设备，随着大量外部资金与技术的进入，国内生产总值有了显著增加，但原有的工业生态被打破，产业结构出现畸形。本国正规制造业的萎缩趋势非常明显，抑制了原有的内部发展动力，这样的经济增长路径往往不一定真对经济发展有利，甚至可能损害未来的经济发展潜力。特别是对外资的过分依赖，已经给中国的工业化发展和产业结构带来了严重的扭曲。外资厂家从一开始就在中国市场扎满了

根，发挥着技术和品牌的绝对优势，而中国企业只能通过效仿和低价格来与外资企业抗衡，除此之外别无他法。如果中国的民族企业在国内市场也被外资逼入困境，中国经济可能被外资左右。一家日本杂志告诫说，中国的国家昌盛，民族工业却在衰亡。当初改革开放的着眼点是引进外资、增加就业、扩大出口，而没有更深入考虑如何扶植以国有企业为主体的中国企业，以及如何培养它们的核心竞争力。中国现阶段需要放弃一味依赖外资的赶超发展战略，转向扶持更多的民族工业。

四、由非均衡增长向均衡发展模式转变

改革开放后，中国将最优势的资源集中到沿海前沿地带，与海外资源相对接，使沿海地带在短短的 20 年间迅速地减少了与西方发达经济之间的差距，使中国的局部地区和尖端行业迅速向世界先进看齐，并极大地辐射带动了周边地区的经济发展。这种发展模式极具赶超性和非均衡增长性，其副产品是加大了区域经济之间的差距，同样，"让一部分人先富起来"，激活了许多人的能量，创造了大量的社会财富，把中国经济推向了最有活力的前沿阵地，但这种发展模式存在的问题是社会出现层级式的发展，甚至层级之间的发展极不平衡。尤其是过去几年，国民财富的"四大金刚"为：地产、金融、股市和矿产，财富非均衡加速增长，实现社会共同富裕的压力逐渐加大，非均衡发展的战略造成区域之间、城乡之间、垄断部门与竞争部门之间产生了巨大的差距，在非均衡增长的过程中形成了强势的利益集团，每个集团都有自己的利益诉求，每个集团希望自己的声音被反映在公共政策层面，而这些强势利益集团明显在左右政府的公共决策。非均衡增长容易导致社会失衡，社会一旦失衡将会产生巨大的离心力，极大阻碍社会经济的正常运转。很多人可能无法理解缘何日本可以历经十多年的经济停滞不至于土崩瓦解，而社会却一片祥和，其中原因并不神秘：在经济高速增长时期，日本的财富分配非常平衡。所以，发展的路径依赖应进行适当的调整，发展模式应当由非均衡增长向均衡转变。

五、由单一的经济增长向福利社会转变

经济增长的目的是丰富人们的物质生活，社会发展的终极目标是提高人们的福利水平。一个民族贫穷的时候，总是期盼着依靠经济强大来增进社会福利，事实上，经济增长并不能自动带来福利的改进，更不会自动将增长红利以一种可以接受的平均程度分配给全体国民，在相当多的情况下，特别是分配不公甚至可能带来福利损害。当今，无论

是基尼系数的数据还是实实在在的现实都表明，中国社会财富分配的严重失衡，社会分化程度愈演愈烈，"富者田连阡陌，贫者无立锥之地"的现象比比皆是。一个社会，如果少数人拥有巨大的权力，意味着大多数人失去了他们最基本的权利。如果少数人拥有巨大的财富，意味着大多数人将会越来越贫困。如果一个国家的经济增长不能普遍改善社会生活的状况，这样的经济增长就不能说有什么意义，并且，一个严重两极化的社会也难以支撑起经济的持续繁荣。当今，农民失地、收入差距加大、就业、贫困、腐败等引发的七大社会问题困扰着中国的发展，我们必须依靠法律和制度走出单纯迷信经济增长率的误区，回归到社会发展的真正目标 —— 即提升全体公民的福利。为此，应该做到基本的社会公正，保证所有公民得到基本的教育、基本的医疗卫生、最低生活补助和养老金等基本社会福利，避免过度不平等所产生的绝对贫困。

六、由公共投资带动向私人投资复苏模式转变

目前，全球金融危机使得经济开始衰退，宏观经济进入周期性调整之际，内外双重压力使得中国私人资本进入了投资彷徨期。面临经济衰退的危险，中央政府力挽狂澜，4万亿的公共投资成了今后中国经济增长的定海神针。公共投资可以填补短期内的投资空缺，扩张性财政政策的作用能避免经济的过度下滑，但是，要让中国经济充满活力，最终仍然需要启动与依靠更多私人部门的投资。回眸改革开放的路程，中国经济奇迹般的增长，正是改革开放创造了一个良好的创业投资环境，私人部门凭借着创造财富的无穷欲望和冲劲，凭借着自己的点滴智慧和创造力，凭借着坚强的毅力和吃苦耐劳精神，一栋栋大楼在神州拔地而起，一个个货箱从中国的大街小巷走向世界各地。私人部门投资的复苏与快速增长，还有待于体制与机制深层次的改革，有待于开放更多私人部门能够投资进入的领域，医疗、教育、物流、通讯、金融服务等这些行业中蕴藏着巨大的投资机遇。正如一位学者所言，中国经济不缺活力，不缺企业家，也不缺资金，缺失的是让资本释放生产活力的深层次改革。可以断言，伴随着改革的不断推进，私人投资会很快复苏并加速度增长。

"创新发展理念、转变增长方式"是中国新时期的又一大战略目标，这一战略目标的提出，表明了政府、社会管理和政策制定者正在改变以往的价值观念，从深层次昭示了政府在发展理念上的又一次创新。在新的发展理念感召下，政策目标必定会更加全面化、科学化和精致化；在新的增长方式引领下，中国经济必将续写新的辉煌。

达利女装学院：校企联合办学的结晶[1]

—— 转型升级新亮点之一

如果你问一家企业的老总，企业目前最缺的是什么，相信大部分人都会给你一个相同的答案：人才。在长江三角洲这片商业繁荣的沃土上，多数企业都已不用再为设备、技术和客户发愁，然而各类人才的匮乏却成为众多企业发展的瓶颈。达利（中国）有限公司位于杭州市萧山区，是一家拥有三十几年历史的集面料开发、印染、针梭织成衣、品牌销售于一体的企业。对于这样一家企业来讲，各类人才的充分保证，特别是工艺技术、生产管理、零售管理等人才的充分保证，成为企业发展的关键。在这种背景下，达利（中国）摸索出一条新路子 —— 走校企联合办学的途径，为公司的人才输送和培养建立一种长期机制。

一、坚持联合办学，实现校企双赢

2009 年 1 月 14 日，在杭州市委市政府的支持鼓励下，由沈坚副市长牵线搭桥，达利（中国）有限公司与杭州职业技术学院联合成立达利女装学院，这成为杭州市校企联合办学的又一个精彩案例。杭州职业技术学院作为高职院校，更注重对学生实际操作技能的培养，而达利（中国）也意识到，在企业所需的班组长、制版员、店员、店长等基层岗位中，高职生较本科生更有优势。于是，二者的结合，既符合学校对学生的培养方向，又解决了企业对人才的定位和需求，是一件双赢的事情。达利女装学院成立当天，负责学院办学总体事宜的理事会成立，理事长由达利集团非执行董事、原香港理工大学副校长杨国荣教授担任，而院长则由达利（中国）有限公司董事长、总裁费建明担任，这使得达利女装学院成为全国第一个由企业领导担任院长的校企共同体。

二、确立发展目标，明确行动方向

2009 年 2 月 11 日，达利女装学院三年发展规划论证会如期召开，这是全国第一个制定三年发展目标的校企共同体。会议确定将把女装学院建设成为特色鲜明的、国内一流的专业学院，确立了坚持服务杭州女装产业的建设理念，并根据杭州产业发展的需求，依托达利（中国）有限公司，创建校企一体化的人才培养模式。达利女装学院将以

[1] 本文发表于 2010 年 5 月 20 日《杭州日报》第 A15 版《企校合办达利女装学院 —— 转型升级新亮点 (2)》，由达利（中国）有限公司供稿。

学生为本，遵循"重构课堂、联通岗位、双师共育、校企联动"教学改革思路，把学院建设成为国内一流的女装产业人才培养基地、女装产业技术服务中心，杭州市公共实训基地第八个实训中心，为杭州打造"丝绸之府、女装之都"培养高素质、高技能人才，以适应杭州女装产业的发展需求。

三、专业设置为企业量身定做

达利女装学院成立后，达利（中国）已将其人才培养的模式列入公司的总体发展规划中。为此，学院依据公司所需求的岗位以及对人才规格的要求，调整了原有的专业和方向，最终形成了以服装设计专业为龙头，以针织技术与针织服装为基础的专业群，提高了专业设置与丝绸和女装产业发展的对应度，提高了人才培养与产业发展的适应度。

目前达利女装学院在校生达 1000 余人，培养的学生均为达利（中国）有限公司急需的技术、管理应用型人才。达利（中国）有限公司已为项目的开展提供了良好的技术管理资源、实践设施资源等，各专业也已开始实施与达利有限公司生产技术管理岗位的对口培养，达利公司全方位介入学院人才培养规格的制定和人才培养的全过程。

四、校企教学互动，提升学生就业竞争力

在达利女装学院的课程体系建设中，培养学生的职业素质、岗位能力与可持续发展的能力被视为关键。学院要求教师深入企业，通过加强实践教学环节来提高专业实践技能。公司还在企业内部设置了学院的专业兼职讲师，在企业文化、职业心态、专业知识等多方面与在校师生形成教学互动，以增进了解，达成共识，确保人才培养的质量。

在教学方式方面，达利服装专业真实情景的教学环境和实践场所彻底改变了原来枯燥无味的课堂教学环境，激发了学生的学习动力。达利女装学院投资 1300 多万元，建成校内实验实训场所、生产性实训车间 1440 多平方米，并配备了先进的设备。公司的产品在学院实训车间的流水线上生产，既满足了教学的需要，又服务了企业生产。达利公司还安排学生到企业实地参观实习，感受公司企业文化，学习公司所需技能，自 2009 年 7 月开始，已有四批近 140 名学生到公司实习，全年学生到达公司人数为 10620 人次。专业现代化建设使学生的就业竞争力明显提高，服装设计专业学生的就业率达到了 100%，工资水平也普遍比其他院校同类专业的学生高出 10% 以上，有的学生在达利企业顶岗实习期间的月工资就到达 2000 多元。

五、一年来成绩显著，望长远意味深长

达利女装学院自成立起，已历经一年多的时光，可以说在这并不长的时间里，它已创造出不俗的成绩。2009年，达利女装学院服装设计专业被列为浙江省省级示范建设专业和浙江省特色专业；服装结构设计团队列为浙江省教学团队建设项目；服装工业工程实训基地被评为杭州市重点实训基地；针织技术与针织服装专业被列为杭州市特色专业。在创造出可喜成绩的同时，达利女装学院的教职工的收入也得到明显改善。为激励全体教工，达利公司每年投入的经费不低于100万元。自学院成立以来，全年学院人均（实发）收入提高10.7%，加上用于激励的经费，人均收入增加33.7%。

在达利女装学院稳定发展的过程中，达利公司的高层已不仅将其视为公司人才培养的大本营，其中更融入了达利对女装行业做出自身贡献的一种心情。达利集团董事会主席林富华先生就曾感叹："中国的纺织制衣最出名，是全球最大的成衣制造基地，希望能永远扎根在中国，这是我们的责任与使命。"达利（中国）总裁费建明也说："目前我们一年可能只从杭职院达利女装学院招聘二三十个毕业生，但我们觉得这是一件有益于杭州乃至中国丝绸女装行业发展的事，我们会坚持做下去。虽然这个院长职务会使我工作更忙，也不增加一分钱收入，但我也乐此不疲，因为这是一件有意义的事，是一件功在社会的事，是一件功在社稷的事。"

达利女装学院，不仅成为校企联合办学的完美结晶，更成为达利（中国）有限公司这个将"重振中国丝绸辉煌"作为自身使命的企业，对杭州乃至全国丝绸女装产业用自身方式所做的一种探索和努力。

【旋转的思维】

培养人才增强企业竞争力[1]

日本松下集团有一句名言："出产品之前先出人才"，被企业所赞赏和推崇。这句话不仅道出了松下对人才的高度重视，更揭示出一个千真万确的道理，任何企业要想有高质量、高效率和高收益的产出，首先要培养人才，人才是增强企业竞争力的关键。

不少优秀企业已经认识到人才的重要意义，把人才培训和人力资源开发作为企业是否具有发展后劲的一个重要标志。如何培养人才呢？校企合作是培养人才

---

[1] 本文发表于2010年5月20日《杭州日报》第A15版《培养人才增强企业竞争力》。

特别是高技能人才的有效途径。即以学校进行基础教育，以企业作为实训基地的新型产学研合作培养人才模式。

企业需要好使、管用的人才，而校企合作能最大限度地满足这一要求，校企合作把岗位需求和就业要求提前对接，使院校技能人才培养的方向性和针对性更强，学校可以避免人才培养的盲目性，企业也可以免去对员工的一些考察和培养，减少了人力资本的投入，共同缩短了人才培养周期。

其实，早在1955年，通用电气公司就建立了第一所企业大学——克顿威尔学院，如今在世界500强公司中70%建有企业大学。中国本土第一家企业大学海信学院也于1998年成立，但由于体制、机制及企业意愿、能力等方面因素的制约，企业大学在我国并没有普遍推广，我国企业人才培养始终没有得到很好解决。如中国社科院发布的《社会蓝皮书》称，2009年，高等院校毕业生达到610万人，国家教育部门公布的就业签约率是74%，大学生就业问题非常严峻，但另一方面，很多企业苦于招不到适用的高技能人才。这"两重压力"对于学校和企业而言，都是相当现实而又棘手的。

校企合作作为一种新兴的人才培养模式，尽管还很不成熟，但可以预言，在全球市场竞争愈来愈激烈的今天，它已是企业生存和发展的一项重要举措。优秀企业的决策者思路很清晰：合作培养企业需要的人才，企业是最大的受惠者。学生能迅速适应工作岗位的要求，免去了先培训后上岗的麻烦，减轻了企业在培训方面的开销，给企业带来更大的效益。同时可发挥学校在信息、技术方面的优势，主动与企业建立"产、学、研"合作关系，承担企业的技术服务、岗位培训和继续教育的任务，通过与企业合作，把科研成果转化为现实生产力。学校与企业都是人才培养的主体，若双方真正实现全方位、深层次、紧密型的合作，将会形成"多赢"的局面，企业得到发展动力，社会解决就业压力，学生得到自我发展。

可喜的是，达利（中国）有限公司已迈出了重要一步，我们期待着：达利（中国）有限公司新一轮的腾飞！

东方电子商务园：探索工业经济转型升级新模式[1]

—— 转型升级新亮点之二

最近，一些依靠网络科技创业的年轻人纷纷进驻杭城东部热土东方电子商务园，在这里寻找合适的创业空间。这个 2009 年新成立的新型产业园，位于杭城东部德胜路与九盛路交叉口，江干科技经济园内，是杭州市政府正式批准设立的 17 家全市首批软件与信息服务业特色产业园之一。

近日，"东方电子商务园"开园准备工作正在紧锣密鼓地进行。六大平台项目齐头并进，呈现出喜人态势。中国电信"BPO"（业务流程外包）呼叫中心 1000 坐席呼叫平台二楼已入驻 80 个席位，一楼装修结束；"东方蓝海创业工场"网商创业平台项目 7500 平方米的办公空间已全面进入装修阶段，21 家网商确定入驻意向，蝶讯网、爱尚科技、致秀电子等七八家电子商务企业已经进场办公。瑞臣电子商务、中奥科技公司、天信科技等公司均已入驻。6 月底，隆重的开园仪式将在这里举行。

一、优化资源，推动区域产业转型升级

东方电子商务园的主体前身为四季青服装研发基地，集聚着几十家服装生产企业。随着江干城市化进程的不断深入，产业结构优化升级已经迫在眉睫。为了应对这个挑战，江干科技园区管委会从科技经济园现有资源着手进行细致梳理，对不相适应产业未来发展方向的部分资源作了果断调整，截至 4 月底，园区整合厂房资源，累计清退企业 29 户，面积约 6.6 万平方米。园区建设的目标是依托区域内高技术产业和周边专业市场聚集的资源优势，创新运作机制、加强资源整合、加快专业人才培养和产业基地建设，吸引电子商务、相关信息软件、服务外包等现代服务业在区内集聚发展，从而培育形成在全省范围内具有影响的电子商务产业园。2009 年，整个科技经济园区电子信息企业实现销售（营业）收入约 10 亿元，占科技经济园区工业销售（营业）收入总量（90 亿元）的 13%，也为建立东方电子商务园打下了基础。

东方电子商务园一期规划建筑面积 14 万平方米，主要分为产业集聚与创业配套区两大区。其中，产业集聚区有：E 商社区（电子商务）、E 商信息研究中心（软件信息）、"东方慧谷"创新创业中心（大学生创业）、EGG 孵化中心（孵化器）、浙商财富中

[1] 本文发表于 2010 年 8 月 5 日《杭州日报》第 A09 版《东方电子商务园：优化资源配置 —— 转型升级新亮点（9）》，由方建华、安然供稿。

心（浙商民营销售科研总部）五大区块。创业配套区分为：阅览中心（九盛路入口处两侧玻璃房）、人才交流中心（人才服务、餐饮、娱乐、健身等配套楼）与数据处理中心（IDC 机房）三大区块。

二、以企引企，创新招商服务模式

建立以企引企招商服务平台新模式是东方电子商务园作为新型产业园的首要创新之处。其方法是先引进上游平台企业，再吸引下游企业。如蓝海网商创业工场，作为未来专业的网络购物产业集聚区和创业孵化园，是一个由 ZF 引导，商业化运作的网商创业园中园。目前，已经与德塔思信息技术、上海略达电子商务管理咨询、亿超网络眼镜等20 余家 B2C 下游企业及公共服务企业签署了协议。

同类企业的集聚成为一种无形的吸引力。杭州恒尚贸易有限公司总经理周杰说，作为一个贸易公司，电子商务企业的集聚能为贸易提供便捷条件，公司拥有"爱尚包"在线品牌箱包商城、"E时尚"名品箱包批发代销网两个业务窗口，电子商务类企业的集聚为商贸交易的开展提供了便利条件。

这种借助平台企业及其他入园企业，宣传东方电子商务园的环境与服务，引进电子商务上下游企业的方法，也是新型产业园崭新的招商模式。

如今，东方电子商务园已建立浙大网新、中国电信、MRI 互联网创新基地、"江干1号"创业导师平台等6家平台企业。通过平台引进打造技术服务、金融投资服务、人才教育服务等核心竞争力，走差异化发展道路。目前，MRI 网络创新基地已累计引进电商网络公司、久尚网络科技等14家电子商务相关企业。浙大网新已协助园区引进联运信息网、中酒酒水网等。

三、企业化运作，创新技术服务平台

这么多电子商务企业集聚在一起，建立技术服务平台尤为重要。通过招引技术服务企业的方法，就能有效地解决这一难题。

隶属于蓝海创业工场的杭州高瓴信息技术有限公司，就是为园中的电子商务企业提供技术服务的企业，公司研发设计的 DATACEO 电子商务客户终身价值管理系统，能够为企业提供客户数据挖掘和精准邮件营销系统的研发、租赁、销售、维护和系统定制服务。杭州玳塔软件有限公司则能为企业提供在线客服绩效监测和测评系统的研发、销售和维护服务，电子商务平台系统软件定制外包服务。为了吸引、集聚足够的电子商务人才，他们还引进了人力资源公司，解决园中园的人才之忧。杭州九斗人力资源有限公司就是一家致力于电子商务专业人才的招聘、猎头、人力资源外包服务的公司，为企业提供人事托管，劳务外包，人力资源服务。为了使园内员工得到创业帮助与指导，"江干1号"创业导师平台项目引入"中国再生资源网"、"豆豆网"、"93网页游戏""金名网""易特广告联盟"5个联合为一体的创业导师开发团队，利用其互联网研发推广先进理念和充沛的人才、项目、信息、资金资源，涵盖企业管理、投资、法律等多个领域，能为初创项目、中小企业提供企业诊断、市场分析、行业信息、投融资专项资金、运营管理等方面的咨询辅导，帮助企业打通融资渠道，使企业快速成长。"BPO"呼叫平台项目则引入中国电信呼叫中心1000坐席呼叫平台，利用其技术、场地、人员等资源，实现统一规范的外包服务运营和管理，为入园企业提供从优惠的资源租用资费到业务流程外包（BPO）的整体解决方案，最大限度帮助企业降低运营成本，提高服务质量，灵活构建客户联络中心和电话营销中心。"IDC数据托管中心"平台项目引入"杭州电联信息技术有限公司"专业性数据托管建设与服务，利用其在IDC数据中心高品质建设理念，支持企业及其商业联盟（如分销商、供应商、客户）实施价值链管理，为入园企业提供专业化服务器托管，空间租用等业务，从而降低企业运营成本。

四、完善配套，创造创业新环境

电子商务企业加班加点是常事，为了解决员工的生活问题，江干科技经济园管委会与西子集团就园区内在建人才公寓项目达成反租200套意向；完成标准厂房区块近270套（16792平方米）单身公寓的收购；与通达建筑公司达成179套宿舍统一经营协议，重点供给东方园内企业骨干人员；整合区域内住宿资源近百套，重点供给园内企业普通员工。并借助引进浙江西游文化发展有限公司（主要从事动漫设计，图书电子商务）的契机，投资设立艺阁图书阅览中心，完善园内文化配套。24号楼公共服务中心装修改造方案已经完成，现正在实施餐饮等生活设施配套的招投标。

"只要项目入园，一切手续我办"是东方电子商务园的服务承诺。相较于硬件配套设施的逐步完善，园区领导班子和工作人员的这种服务精神无疑是东方电子商务园招商的又一吸引力。

九堡地区是杭州城市建设投资密度最大、发展最快的地区之一，在未来两三年内，城市功能将发生全新变化，诸如东站枢纽、城东新城、地铁上盖物业、市级人才配套住宅区等均已进入建设期，大批商业房地产在周边兴起，这也是不少入驻企业前来抢滩的原因。

【旋转的思维】

产业园区转型升级的新途径[1]

产业转型升级的重要性已毋庸置疑，但如何实现这一跨越？通过什么途径引导企业加快转型升级来实现经济结构调整优化？这些问题都是摆在面前亟待解决的难题。东方电子商务园积极探索转型升级的新模式，其大胆的尝试和有益的经验值得借鉴。

1. 清退企业，优化资源

江干科技园区管委会为优化园区资源，清退企业 29 户。单纯从经济学意义来说，企业的存在和退出取决于自身的利润，但在现实中，企业的存在对于地方政府而言，有三方面的效用，一是企业提供了经济剩余并以此促进地方经济增长；二是企业为地方创造财政收入；三是企业创造了就业需求，保持社会稳定。

在加快发展方式转变的进程中，必然涉及产业转型升级的战略性结构调整。转型升级其实包含企业成长和企业退出两方面的内容，并且二者密切相关。转型升级中，部分企业不退出，资源就不会充分流动，意味着部分生产要素将被闲置或被迫低效益使用，难以实现资源优化分配和优化组合，生产要素所有者的利益就会受到损害，社会利益关系就倾向于对立和矛盾激化，产业升级则难以顺利完成。退出是决定资源在产业间分配的重要因素之一，适时的退出和进入有利于资源的优化配置。某种程度而言，企业退出比企业成长更为重要。

因而，清退企业看起来是一件简单的事情，其实体现了江干科技园区管委会推进产业转型升级的意志和决心。

2. 以企引企，增大引力

产业园区培育中，短期经济指标与长期产业培育之间的矛盾一直是棘手问题。导致明知道引进的企业与园区产业不协调、不配套，但碍于招商指标和短期效益也要引进；招商中单以投资规模为目标，不注重区域产业集群培育，产业研发空心化，既无"拳头产品"，也没能建立"产业链"。因而，多数产业集群内部互动联系较弱，没有形成基于产业链的纵向和横向的专业化分工与合作。如：一些装备制造业企业具有较强的单机和主机制造能力，但是在园区内得不到相关配套产业链的支持，大量零部件、元器件业务依赖外包，出现"飞地"的现象，同时，大

[1] 本文发表于 2010 年 8 月 5 日《杭州日报》第 A09 版《产业园区转型升级的新途径》。

量零部件、元器件的生产企业却又因区域分割、"同类不同区"而缺乏核心企业引领，成零星状态只能为外地企业配套服务。园区产业链"乘数效应"难以构建。

东方电子商务园"以企引企"的做法，能有效避免以上弊端，大大增强了同类企业集聚的吸引力。

3. 建设平台，重视配套

转型升级的主体是企业，需要企业自身的努力也需要环境的推动。

转型升级不仅仅来自于集群企业内部各部门的管理流程协调和行动协同，更大程度上来自于企业、研究实验室、科研机构、供货商和顾客之间的参与和互动。江干科技经济园管委会重视公共技术服务平台的建设，支持产学研、市场联盟，特别是园区企业间相互提供服务，这种园区服务内部化的倾向，降低了企业的服务成本，为企业搭建了良好的平台。

由于杭州房价远高于周边地区，仅次于上海，使得在杭创业和就业的科技人才的生活成本大大提高，过高的房地产价格使在杭州生活的基本成本成倍增长，一方面导致许多人才迫于住房压力而离开杭州，转向其他地区；另一方面也因高房价的舆论而抬高了人才进入杭州的门槛，使人才"望房止步"。江干科技经济园管委会帮助员工解决实际生活问题，减轻安家的顾虑；完善服务机构的配套，重视员工的需求，致力于园区完整的生态系统的建设，这种体贴入微的服务范式有利于企业长久根植于东方电子商务园这片土壤。

着力提高家政行业服务水平[1]

—— 转型升级新亮点之三

　　三替公司创业于 1992 年，在不断满足社会服务需求的过程中，已发展成为拥有 2500 多人的集团公司，下设家政、搬家、家电、水电、管道工程维修中心、保姆服务中心、金钥匙管家中心、职业技能培训学校等部门。是目前全国服务范围最广，服务项目最多的专业化后勤服务公司，并受商务部委托制定两个行业标准。曾荣获中国商业服务名牌企业、全国首届服务业科技创新奖、全国服务业创新型企业、浙江省著名商标、浙江省知名商号、浙江省最具社会责任感企业等称号。

一、搭建再就业平台

　　"每个人都会有遇到困难的时候，下岗失业人员的再就业最需要帮助了。"公司总经理陶晓莺把解决再就业问题当作三替公司的责任和义务，1994 年开始就有目的地把一些好的岗位留给下岗、失业人员。公司专门开设了一门"800"免费电话，利用公司的资源和优势，为下岗失业及失地农民搭建起一个重新就业的平台。十几年来，共有 10000 余人通过三替公司这一平台重新走上了工作岗位。公司内部也吸纳安置了 1000 多名失业人员。自 2002 年成立职业技能培训学校至今，始终坚持对下岗失业及失地农民进行免费培训，培训人数已达 10000 余人。他们中有不少人因工作出色被评为浙江省巾帼建功标兵、全国优秀家政员、全国商业服务明星、"全国五一劳动奖章"获得者、优秀共产党员……

二、带薪的培训制度

　　2008 年，三替公司为了更好地满足社会不断发展的需求，成立了"三替保姆中心"。2009 年下半年又专门在西湖区三墩租了占地 10 亩的教学场地、拥有 1 万平方米的教学大楼作为专门为家政保姆进行住宿制培训的教学基地（因为保姆都是外地人，所以必须解决保姆培训的住宿问题）。但发现保姆不愿意接受培训，她们希望马上能找到工作，培训会耽误她们赚钱。三替公司马上作出决定，凡愿意接受培训的保姆，都发 30 元一天的培训贴补（不包括住宿补贴）。只有通过培训，才能够提高保姆的综合素

[1] 本文发表于 2010 年 7 月 8 日《杭州日报》第 A11 版《三替公司：为提高杭州家政业服务水平尽力 —— 转型升级新亮点（7）》。

质，满足社会对保姆的期望，也才真正实现三替公司办保姆介绍中心的初衷 —— 打造一支有素质、有技能、有职业操守的保姆队伍。

同样，为了解决外来务工人员在校培训期间的生活问题，三替公司的家政服务学校均采用带薪培训制度，每个学员的薪资标准（含食宿）为 60 元 / 天 / 人，这样彻底解决了学员的后顾之忧，减轻了学员的生活压力，让学员可以放心、专心地学习，让每个学员都学有所成，学有所用，踏踏实实地掌握一门生存技能和生活本领，能成功实现就业。

三、人性化、多元化的课程设置

三替公司充分考虑到学员文化程度低、年龄偏大、综合素质不是很高等特殊性，以及学员个体的实际情况，在课程安排上，倾向于人性化、多元化。如有的课程并不是按所设置的那样，上一堂课就算过了。为了使学员真正掌握技能，可能需要上两堂、三堂甚至更多才能得以巩固。在时间和地点的安排上，三替公司让学员就近选择培训地点，这一举措给学员带去了极大的便利。培训期间，加强对培训学员上课出勤的管理，认真填写《培训学员出勤簿》。在教学方面，三替公司针对教学大纲专门进行了分门别类，有的课程设置长一点，有的课程则按实际需要进行了浓缩。在培训过程中，对于一些综合素质偏低、理解能力和接受能力较弱的学员，培训教学点不厌其烦对学员进行回炉再培训，直至学员真正掌握为止。三替公司要求各培训教学点力争不放弃任何一个学员。

家政服务培训让学员对自己的工作有了准确的认识。三替公司专门穿插了一套自创的独门绝技 —— 如"快速保洁法"，讲解家政服务中常用的实际操作知识，让学员尽量做到全面细致及应知应会；还传授一些理论知识，如法律常识，让学员了解如何维护自己的权益；礼仪习俗教会学员如何为人处事，与东家更好地和谐相处。自编的《服务一百忌》传递着三替公司独特的服务理念。

四、浙江生活 365 集团

三替公司不断与时俱进，开拓创新。2008 年，成立了浙江生活 365 集团公司。以往，三替公司给大家提供的是解决生活困难的服务，而生活 365 平台的功能是为大家提供享受生活品质的服务，它是服务社会服务大众的一站式服务平台。该平台的宗旨是：为民、便民、利民。平台能为广大市民解决各类家政服务、预订服务、配送服务和信息服务，也是浙江省家电以旧换新的热线咨询平台，团省委大学生创业热线咨询平台，还能提供医院预约挂号的特别服务，在网站上开设预约挂号窗口等。该平台还实现了劳动者和用工企业之间更好的快速对接。三替公司利用已有的二十几个服务网点作为窗口受理点，和浙江生活365服务平台的热线以及365网络服务平台相结合，实现"要招工的人找得到人，要找工作的人找得到工作"，通过一站式服务让双方实现信息快速对接，都能尽快找到彼此，为更多的弱势群体提供了一个免费再就业平台，获得了社会各界的一致好评。

五、金钥匙管家培训

2009年，因社会强大的服务需求，三替公司专门成立了满足社会高端人士需要的"金钥匙管家中心"。金钥匙培训主要是为更好地解决大学生在杭州的就业和创业，为他们提供一个留在杭州的就业平台。这一项目的推广和实施，受到了市农办各级领导的一致肯定和高度评价。

三替公司还始终坚持对孤寡老人、特困户、重残家庭一律实行免费服务，无论是业务清淡人手少时还是业务繁忙人手紧张时都能做到优先安排周到服务。

【旋转的思维】

呵护与修复城市的社会生态系统[1]

著名社会学家、清华大学博导孙立平教授近日在中共杭州市委党校双周专家大讲堂上感慨：现代中国城市建设得越来越漂亮，城市所容纳的人口比规划、想象的要多，可城市给人提供的生存机会却越来越少，这样，城市的社会平衡要被破坏，其生态系统也将受到严峻的挑战。

一个城市中企事业单位所能提供的就业机会总是有限的，一部分不能获得正式就业机会的人也要生活下去。当然，依靠政府的财政支持和民间救济是一种途径，但支助额度有限也并非长效机制。要让一个城市的社会生态系统长久（长期）良性运行，呵护与修复尤其重要，也是不可缺失的。

"有困难找三替"，在杭州，三替公司真正能够起到帮助客户找到和满足客户的各种家政服务需求。三替员工的精神是可嘉的，他们一起自强不息，用勤劳和汗水替他人排忧解难，同时也为自己创造了一片新天地，实现了自己的人生价值，

---

[1] 本文发表于2010年7月8日《杭州日报》第A11版《为社会培养人也是企业的社会责任》。

赢得了社会的广泛认可。三替公司的做法是值得尊敬和学习的，三替公司从事的只是一些家庭单位的后勤服务工作，但公司想方设法，解决了更多的再就业问题，并致力于提高家政行业的服务水平。三替公司把一批批下岗失业人员培养锻炼成新时代的家政服务员，提升了外来务工人员的专业技能和综合素质，为外来务工人员谋求生存和发展；更好地实现转移农村富余劳动力以及对返乡大学生创业与就业进行专业化培训，为社会输送符合家政服务要求的合格人才；有力地推进了就业、稳定了就业率。

家政行业是一项非常有意义和价值的工作，是一项多赢的社会工程，并且其社会效益远远超过了经济效益。三替公司为杭城的家政行业起到了很好的引领示范作用，也为杭城广大市民提供了更多门类的家政业态来进行各类需求的选择，更为打造杭州生活品质之城作出了自己应有的贡献。

唯有精心呵护与修复，城市的社会生态系统才能得到平衡，城市才使人感觉温馨、舒适、有磁性，才让人感到方便、和谐、有品位。在杭州，三替公司就是这样的一位呵护与修复大师。

立体循环：浙江蓝天的五大农业功能区[1]

—— 转型升级新亮点之四

随着养殖业的快速发展，规模化、集约化的养殖场和养殖小区不断增加，畜禽的粪便和污水排放量剧增，养殖污染问题越来越突出，一些养殖场的粪便随地堆积，污水任意排放，严重污染了周围的环境。特别是到了夏季，养殖场周围臭气冲天、蚊蝇成群，畜禽养殖污染问题已到了非解决不可的地步，养殖污染问题能否得到有效处理，已成为制约畜牧业可持续发展的关键所在。浙江蓝天生态农业开发有限公司采用立体循环的新型养殖模式，较好地解决了上述问题。

浙江蓝天生态农业园位于杭州西部径山风景区，创建于 2000 年 6 月，蓝天公司围绕猪场废弃物污染生态化处理和资源化利用，确立了循环经济生态发展战略，形成了"猪—蚯蚓—鳖—稻／草—梨／茶—羊"的新型农业循环经济模式，在园区内逐步发展了蚯蚓养殖、生态鳖养殖、湖羊养殖、水稻／牧草／黄花梨／大棚蔬菜种植及周边山地茶叶种植的农业产业结构。实现"资源—产品—再生资源"的良性循环，在社会、经济、生态建设方面取得了较大成绩，现已成为杭州市重点农业龙头企业，余杭区规模最大的养殖型龙头企业，并通过国家级循环经济标准化试点，成为全国第一家通过循环经济标准化试点项目的企业。

浙江蓝天生态农业园区共分了五大功能区块。

一、种猪养殖区

占地 110 亩，年出栏种猪 5000 头、商品肉猪 15000 头规模。养殖场采用清洁生产技术，实施"清污分流、雨污分流、干湿分置"，对猪粪和污水实行干湿分离，猪粪被送入猪粪熟化池与秸秆混合发酵，腐熟后用于蝇蛆和蚯蚓养殖，产出的生物成体作为生态鳖饲料利用，残余的固体渣作为高档有机肥用作园区蔬菜基地和湖羊场饲料牧草地的底肥。猪场污水首先进入集水井，然后泵入水力筛网进行固液分离，进一步去除污水中的 SS，粪渣混入猪粪中综合利用。污水自流进入水解酸化池，酸化池出水自流进入厌氧塘，为充分实现养殖污水的资源化利用，首先考虑将厌氧塘出水引出用于牧草地（黑麦草、墨西哥玉米轮种）的浇灌，产出的牧草作为湖羊原种场的青饲料。或经提升至周

[1] 本文发表于 2010 年 7 月 29 日《杭州日报》第 C07 版《蓝天生态农业园：五大功能区循环生产 —— 关注生态文明建设（2）》。

边山坡原有水塔用于山坡茶园灌溉利用。并配备"上有顶、下有底"的干粪贮存发酵池，防止二次污染。

二、蚯蚓养殖场

2002 年投资 60 万元建成蚯蚓养殖塑料大棚（蚓反应器）12000m²，改变猪粪未经无害化处理直接外运农田利用和鱼塘养鱼的历史状况，提高猪粪利用附加值，年利用鲜猪粪 2000 吨，农作物秸秆 220 吨，产蚯蚓活体 39 吨，蚓粪有机肥产量 975 吨，年创经济效益 60.5 万元。蚯蚓用于配置甲鱼饲料，蚓粪有机肥作为高档有机肥利用。以蚓制粪的技术，不仅有效地解决了猪粪处理难的问题，而且不同条件的场可以根据实际情况确定蚯蚓养殖面积，灵活性大，投资成本低，效益丰厚。

三、生态鳖养殖区

公司开挖生态鳖标准养殖塘 229 个，利用蚯蚓饲喂甲鱼，不仅替代了部分甲鱼饲料，降低了养殖成本，而且还有利于提高甲鱼的诱食率，提高甲鱼的免疫水平，促进甲鱼生长；并自主创新采取"鳖—鱼—螺蛳"分层混养生态技术、微生态制剂调控水质技术、"水位控制技术"和"稚鳖分级饲养技术"，实现了增产增效、削减饲料消耗和防疫药物使用的目标。公司外塘全生态的养殖方式，使鳖产品相继通过"无公害"、"绿色"和"有机"农产品认证。

四、农产品种植区

总占地 1200 亩，含蜜梨园、水稻田、蔬菜地，四季轮作，每年春末至秋末种植水稻，秋末至次年春末种植黑麦草作湖羊饲料，使用猪场有机肥，可生产优质水稻和草料。部分厌氧沼液和猪粪有机肥通过田间沟渠和人工运输得到资源化利用。

五、湖羊养殖区

羊场占地 30 亩，配套青饲料基地 56 亩，一年四季种植黑麦草、墨西哥玉米、苏丹草等牧草，年产湖羊种羊 2000 头、商品羊 3000 头。

在浙江蓝天的五大农业功能区中，人们可以看到，春末至秋末，猪场粪污经干湿分离后，猪粪熟化送到大棚养蚯蚓。蚯蚓用作生态鳖基地的饵料，污水经生化处理后，作为水稻田肥水。秋末至春末，猪场粪污水经干湿分离后，熟化干粪到茶园、梨园施冬春肥，污水厌氧酸化处理后牧草田种墨西哥黑麦草，种草养羊。在生态鳖基地也形成生态小循环：用蚯蚓和专用鳖饲料喂甲鱼，甲鱼排泄物给水中鳙鱼吃，鳙鱼排泄物给塘底层螺蛳吃，螺蛳作为水中清道夫，净化有机物，生成小螺蛳再给甲鱼当饵料，甲鱼池塘底泥又给堤坝上的梨树作有机肥。

在园区发展过程中，浙江蓝天立足生态农业，始终注重科技投入与创新，与浙江省农科院、浙江大学及浙江省淡水养殖研究所等科研单位建立了长期的合作关系，成立了由环境工程、畜牧、兽医、生物工程、淡水养殖等专业教授（研究员）、副教授组成的专家咨询小组，对公司的养殖生产、管理进行全程技术指导，为公司生产、经营和发展提供决策依据。

【旋转的思维】

呼唤农业生态园区[1]

党的十七大报告明确提出"建设生态文明，基本形成节约能源资源和保护生态环境的产业结构、增长方式、消费模式"，当今，生态环境建设已被提到国家总体发展的战略高度，发展农业循环经济已是建设农业生态文明的必然选择。

但事实上，农业产业链中物质和能量梯次闭路循环的利用仍然较少，非持续发展、高消耗的农业生产与生活方式尚未得到根本改变，化肥过量施用和养殖粪等污染现象依然存在，由此带来的农业资源环境问题积重难返，因此，可以恩泽子孙、多层次、持续高效的农业生态系统亟待构建。

浙江蓝天成功探索出了"猪场养殖废弃物生态化、资源化、无害化处理技术"并投入到实际生产中，创建了以猪场废弃物为纽带的"猪、蚓、鳖、草/稻、梨/茶、羊"多元结合的新型农业循环经济模式，通过猪场实施清洁生产，实现资源节约和综合利用，围绕猪场废弃物减量化和资源化利用，调整和扩展了产业结构，形成种养结合的农业产业链，形成了多个相互关联的功能区块，建立物质和能量高效良性流转的循环经济结构。浙江蓝天用生态修复技术，不仅充分回收了废弃物中的有效成分，促进了场区及周边种植业的无公害生产，同时也降低了废弃物的处理成本，取得了显著的社会、经济和生态复合效益。

在杭州余杭，一个立体循环的生态农业园区已展现，农业循环经济已经初现端倪。我坚信：不久的未来，杭州有更多的"蓝天"，杭州的天也会更蓝。

[1] 本文发表于2010年7月29日《杭州日报》第C07版《呼唤更多农业生态园区》。

期待味庄：引领杭州餐饮产业化发展

对于一个接近于完全竞争、又有着国有企业背景的餐饮产业来说，味庄仅用5年时间能取得如此骄傲的成绩，实在令人惊叹。同时，更期待味庄能引领杭州餐饮产业化发展。

餐饮产业化是基于近些年来餐饮业旺盛的发展势头形成的一种提法，经济的快速增长为餐饮市场的繁荣发展不断注入新的活力，而餐饮领域的发展显然又是刺激消费、拉动内需的重要手段。这一良性循环给餐饮业赋予了新的内涵。随着消费能力的增强，人们的膳食结构和饮食观念正在发生巨大变化，餐饮本身在满足人们的饮食消费需求和提升人们的生活质量上要力求不断翻新，在原料的选择、产品的加工烹制上要融入科学膳食观、饮食食疗养生等知识。另外，餐饮行业的方兴未艾和人们生活节奏的加快势必会给整个行业规模的扩大和市场整合提出更高的要求，饮食节奏的加快和效率的提高促使产业化步伐加快。

一、产业化是味庄拓展发展的有效途径

中餐在全球享有很高的认知度和美誉度，2008年我国餐饮业年产值为1.5亿人民币，占国民经济总产值的5%，与海外餐饮特别是欧美餐饮企业必胜客、星巴克、麦当劳相比，还有比较大的差距，是什么原因导致了这样的情况呢？主要是餐饮业产业化程度不高，缺乏产业运作的模式。味庄未来向上拓展、不断超越，产业化是一条有效途径。

1. 产业化是缓解激烈竞争的手段

这几年，杭州菜闻名遐迩，餐饮业销售额年增长超过所有的传统行业。2008年9月末，杭州市限额以上连锁餐饮总店发展到20家，连锁门店781个，营业额37.33亿元。保持高增长得益于行业元素的不断丰富，纵观近几年杭州的餐饮业，不断呈现出新的经营亮点。中餐市场，知味观、楼外楼、天香楼、奎元馆等老字号国有企业再现昔日的辉煌；西餐市场，肯德基、麦当劳一马当先，领导潮流，快餐迅猛扩张；形式多样的咖啡、酒吧又是西餐市场上的另一道风景线；经营汉堡包、比萨饼的西点房和形式多样的奶茶店四处开花；各种地方菜的菜馆，如江山菜、千岛湖菜、临安菜、湖州菜等接踵而至；各种面馆、水饺店、馄饨店、豆浆店、烧烤店等基本汇集了国内外的主要品种。另外，多业态发展的各式中西正餐特色餐馆、宾馆餐饮、快餐自助餐馆、外卖送餐、商

场超市餐饮、美食广场，以及遍布城乡各地的小餐馆、外地风味小吃店，极大地丰富了消费者的生活，满足了不同消费层次的需求。与此同时，我们可以想象到：杭州餐饮业的竞争是何等激烈！如何与国际著名餐饮巨头相对抗？如何在激烈的竞争中制胜？如果经营者仅凭经验管理，可能容易陷入成本不断提高、利润逐渐下降的被动局面。

2．产业化易抵挡经济周期的波动

全球金融危机正对我国经济发展造成一定的影响，餐饮业也不例外。但就目前的统计情况看，这种影响主要体现在高端餐饮上，冲击面在 10%－30%，而中低端大众化餐饮却不降反升，说明了大众化餐饮在大的经济波动中具有较强的抗风险能力。味庄的定位主要集中于中高端客户群，容易受经济景气周期的影响，企业经营风险增加，相对而言，面向中低端消费群体的大众化餐饮，由于其具有服务对象范围广、消费便利快捷、经营方式灵活、营养卫生安全、价格经济实惠等特点，正越来越受到百姓的欢迎，中低端大众化餐饮发展更加稳健。而想要在大众化餐饮获取一定的利润，必须走低价格、大销量之路，唯有产业化的经营方式才能解决这一难题。

二、味庄产业化发展的基础与条件

味庄不断深化改革、发展壮大传统老字号，杭州经济的快速发展给餐饮业带来了前所未有的发展机遇。经济迅速发展与企业交相辉映，共同演绎了杭州餐饮繁荣的景象。作为杭州餐饮的龙头领军企业之一，当今，味庄已具备了产业化发展的基础与条件。

1．美食是杭州最具代表性的文化名片

杭州人自古以来就追求一种舒适、精致的生活方式，杭州人懂得：美食能让人和谐共处，当人们分享美食时，其实是分享交流的欢乐，分享心灵的愉悦，分享友谊与和平。杭州市委、市政府可以利用美食促进国内外交流；杭州的投资家和企业家也往往利用美食征服合作伙伴、签署协议、减少争议。所以美食是杭州人智慧的结晶，是杭州人生活艺术的展台，是人们了解杭州文化的窗口，美食更是杭州最具代表性的文化名片。

2．餐饮已成为拉动杭州经济增长的重要力量

早在 1978 年，我国人均餐饮支出不到 6 元钱，到 2008 年增长了 192 倍。2008年，在我国经济形势出现困难的情况下，全国住宿餐饮业零售额仍然增长 24.7%，增幅比上年高出 5.3 个百分点，这些数据说明餐饮业作为民生产业的地位正在逐步提升。同样，餐饮业在拉动杭州消费、繁荣市场、创造需求、带动整个经济发展的作用日益凸显。2007 年，杭州市餐饮业实现零售额 143.06 亿元，2008 年 1－9 月，零售额

127.46亿元，比上年增长22.8%，其增长幅度居商贸流通各行业之首，占社会消费品零售总额的11.1%，对社会消费品零售总额的增长贡献率为12%。餐饮业已成为推动商贸流通业发展的重要增长点。

同时，杭州餐饮业的发展，不仅为城乡居民提供了众多的就业致富机会，而且有力地拉动了农业和相关农产品加工业的蓬勃发展。在环杭州农村地区，蔬菜设施栽培、特种水产禽畜养殖已具有较大规模，如淳安、建德的高山蔬菜，萧山、余杭的水产养殖，不仅满足本地居民生活和餐饮业市场需求，而且也成为长三角农副产品供应基地，一批名特优品种已进入工厂化生产阶段，杭州餐饮业一旦步入产业化发展的快车道，还将有效带动杭州及周边县（市）经济的发展。

3. 餐饮产业化与杭州的产业发展方向相吻合

几年前，杭州市政府就提出了"住在杭州、游在杭州、学在杭州、创业在杭州"的战略口号，其实，不管是"住在杭州"、"游在杭州"，还是"创业在杭州"，都离不开"吃在杭州"，说明了餐饮经济在城市经济全局中的作用。2008年，杭州市委、市政府提出了"培育发展十大特色潜力行业"，要提升餐饮业整体品位、弘扬饮食文化，深化"美食天堂"城市品牌。今年，杭州市委、市政府提出了"服务经济"将成为杭州"首位经济"的宏图，并推出一系列政策以扶持服务企业。餐饮业已经成为杭州服务业的支柱性行业，在扩大内需、繁荣市场、吸纳就业和改善群众生活质量等方面正发挥越来越重要的作用。所以也是味庄产业化发展的大好时机。

4. 味庄已具备引领杭州餐饮产业化发展的素质

味庄通过几年的改革和摸索，已形成一套行之有效的餐饮发展经验，有一批餐饮产业管理的精英，深度熟悉市场、了解杭州；有一流的厨师，不时推出新颖、可口的菜肴；有一支温馨、团结、积极向上的团队，在质量、服务、管理等方面均达到高标准，所以，味庄已具备引领杭州餐饮产业化发展的基本素质和条件。

三、味庄产业化发展的几点建议

1. 强化连锁经营，拓展海内外市场

2002年沃尔玛坐上世界500强的头把交椅后，人们不得不承认：连锁经营是人类有史以来最成功，复制最迅速，全球化最快的商业模式。在餐饮业，规模位居全国前列的重庆火锅就是采用连锁经营的方式，短短的10多年时间里重庆火锅凭借自己固有的品牌优势和文化优势，将火锅推入全国，走向了世界。当前，全球性金融危机已全面扩展到各个行业的实体经济，经济形势急剧变化，餐饮业要变危为机，抓住机遇，可以适当调整业态。从杭州市5年来餐饮业营业收入、利润总额情况表可以看出，正餐的营业收入比快餐高得多，但快餐的利润总额却超过正餐，这表明着力发展快餐、早餐等大众化餐饮，能提升餐饮企业的利润增长点，而大众化的餐饮体系建立又离不开产业化的市场基础。

表1　杭州市5年餐饮业营业收入情况表

单位：万元

	2003	2004	2005	2006	2007
正餐	110417.3	745	208542	247580	298994
快餐	100055.7	数据缺	160346	79875	85678

资料来源：杭州统计信息网。

表2　杭州市5年来餐饮业利润总额情况表

单位：万元

	2003	2004	2005	2006	2007
正餐	667.6	数据缺	3611	668	5187
快餐	23296.5	数据缺	20408	24950	35215

资料来源：杭州统计信息网。

2. 创新发展理念，扩大味庄知名度

美国著名管理学家彼得·杜拉克告诫："在变革的年代，经营的秘诀是没有创新就意味着死亡"，变革与创新是保持行业领军永恒的话题。餐饮业创新包括理念创新与体制创新，经营理念是企业的一种定位、方向或目标，新的经营理念带来的不仅是餐饮的规模，用餐范围的新奇和菜肴上的价廉物美，而且还带来一种全新的餐饮经营模式变革。这也是味庄五年来不断制胜的关键。未来还可以进行菜品创新、器具创新；另外，应重视传播系统的创新，如适当增加广告的投入；除此之外，在就餐形式和服务程式上也可以进一步创新，如可将西方的就餐形式与中餐形式融合，增加外卖销售量。

知名度是消费者的认知程度，在印象中的占有率往往可以转化为市场占有率。知名度的价值、特色、内涵都是可以帮助餐饮企业迅速持平、盈利、收回成本的有力助手。当餐饮企业扩张连锁时，对于摊薄总体运营成本，减少新店风险大有裨益，知名度的扩大有助于培养忠实客户，知名度是经济下滑的缓冲器，知名度高的餐饮企业在经济危机时的受损小于知名度低的企业。目前时值经济危机，这反而是餐饮企业扩大知名度的良好时机。

规模化就是突出的现象之一。

3. 强化餐饮标准，启动餐饮产业化

根据统计数据显示，国内中式快餐占整个快餐市场份额高达85%，但其平均营业额却不足麦当劳的一百六十分之一，整体实力仍远远落后于国际洋快餐。主要原因在于中式快餐一直缺乏有效的标准化支撑体系，因此很难实现规模效益，发展速度严重滞后。在很长时间内烹饪是一种技艺型和经验型相结合的生产操作，经验型烹调一直占主导地位，一些菜谱在介绍菜肴制作时出现较多的是"适量"、"少许"、"某成油温"等字眼，尽管菜肴风味特色众多是中餐的一大优势，但如果某一品种的菜点的口味难有准确的定型，这显然会影响菜点的推广和传播。餐饮产业化发展需要对传统的观念思路进行革新，进行批判性的继承和吸收，尤其是对一些繁琐复杂的烹调过程进行简化；在菜肴特色的开发上，我国菜系流派精彩纷呈，为实施菜系的产业化开发提供了丰厚的资源。

产业化、规模化是现代企业的特点之一，对于餐饮业来说，产业化、规模化有明显的优势，当前，杭州餐饮业离现代产业还有相当长的一段距离，我们期待着味庄下一个五年，引领杭州餐饮产业化发展，使杭州餐饮业真正成为无愧于杭州这个风景旅游城市的支柱产业，味庄也将成为一艘东方的餐饮母舰。

新兴产业

喜看杭州动漫产业崛起[1]

—— 动漫产业发展探究之一

近年来，北京、上海、深圳、成都、无锡等众多城市纷纷将动漫产业列入经济发展规划，投入巨资建设动漫产业基地，以寻求新的经济增长点，动漫产业呈现"跃进式"的发展态势。据统计，目前全国共有 78 个动漫（动画）产业基地（园区），动漫制作机构从 2002 年的 120 多家猛增到目前的 6400 多家。

2008 年，杭州市动漫游戏企业达到 135 家，其中动画企业 49 家，漫画企业 9 家，游戏企业 47 家，动漫衍生品企业 30 家，全年实现营业收入 5.14 亿元，平均从业人员 4000 余人。杭州市动漫游戏企业全年共生产动画片 31 部，共计 2.03 万分钟，比上年增长 35%，动画产量从 2007 年的全国第四位跃居为第二位；与此同时，质量也不断提高，《劲爆战士》《中国古代科学家故事》等 6 部作品被推荐为优秀国产动画片，位居全国前列；网络游戏《争霸天下》入选国家新闻出版总署的 2008 年度"民族优秀网游"。杭州动漫从无到有，发展速度之快，质量提升之高，令人赞叹。动漫产业崛起依靠的是什么？探究其根源，可归结为"四个效应"。

一、政策效应开始释放

杭州市委市政府一直从战略高度来认识和推动动漫产业，认为"对定位于旅游休闲的杭州来说，无烟的动漫游戏产业是一场不可错过的盛宴"；强调举办中国国际动漫节、发展包括动漫产业在内的文化创意产业，是杭州打造全国文化创意产业中心的重大举措，是保持杭州动漫产业优势的重大举措，也是共建共享"生活品质之城"的重大举措；杭州市出台了《关于鼓励杭州动漫游戏产业发展的政策意见》，建立了 2.5 亿元的动漫产业专项基金，采取奖励、资助、贴息等方法支持动漫企业和原创作品。

杭州市委、市政府精心构建了动漫游戏的公共服务平台。公共服务平台主要功能定位为：连接动漫产业链，服务贯穿动漫制作、编辑、合成、渲染等过程，更可外延至作

[1] 本文发表于 2009 年 4 月 23 日《杭州日报》第 C07 版《喜看杭州动漫产业崛起 —— 动漫产业发展探究之一》。

品策划、信息服务、发行评测、版权交易、人才实训等产业环节。公共服务平台降低了动漫产业的进入门槛，并且不让创意白白浪费，比如有的人可能有好的创意，但缺乏资金和设备进行后期制作，就可以交给公共服务平台了，有效的政策扶持起到强烈的示范效应。

杭州不断完善动漫产业园区的研发、孵化、展示、交易、培训、咨询、投融资等服务功能，为动漫企业提供发育成长的空间，帮助其提高成活率和市场竞争力。大力支持企业参加国际动漫节、博览会、研讨会，在语言翻译、广告宣传、法律咨询、招商引资等方面提供便利，为动漫企业多方构筑海外营销系统和网络，广泛开展促销活动，扩大内需并推动杭州动漫走向国际市场。

政府精心呵护企业家，对在动漫领域有突出贡献的人授予各种荣誉，借助媒体宣传、报道，大大激发了企业家的创业激情，增强了企业克服困难的信心，这无疑是对杭州动漫产业巨大的支持。

二、集聚效应充分显现

产业集群是提高动漫产业原创力的先导，有利于资源共享，推动形成成熟的动漫产业链和鼓励动漫企业建立现代企业制度。随着中南集团、广厦集团、横店集团等浙江民间和国际资本纷纷加盟，杭州动漫产业的资源集聚和整合效应已充分显现。如今一个以中国美院、浙江大学为龙头的人才培养中心、以杭州高新技术开发区动画产业园为核心的动画制作生产中心、以西湖区数字娱乐园为中心的数字娱乐生产中心，以义乌、湖州、丽水等小商品、玩具、童装及周边产品生产为基地的动漫衍生产品生产交易、运营产业链，已经构成了杭州市动漫产业专业化、规模化的发展格局。

三、品牌效应日益凸显

单从经济效益考虑，原创动漫产品需要雄厚的资金和优质的动漫创意，来料加工赚钱更快，不少动漫制作企业为了生存，走上了代工的发展路径。杭州企业家的战略思维一直具有前瞻性，如杭州中南卡通涉足动漫产业后，就主张依托原创动画片形成的自主知识产权和自有动漫品牌，2005年以来，中南卡通先后有四部不同题材的作品获得国产优秀动画片，获得国际、国内各类荣誉42项。中南卡通还以版权贸易和品牌授权为赢利点，形成了一条以自主知识产权为核心的动漫产业链。随着动画片热播带来的品牌知名度和美誉度的提升，中南卡通以自行开发、品牌授权、贴牌生产、加盟经销等多种形式的延伸产业合作和运营模式，拓展"天眼"、"星际飙车王"、"劲爆战士"等动画品牌的深度和广度，先后开发了玩具、文具、儿童用品、服装、鞋帽、食品、饮料等产品领域，并积极构建自己的销售渠道。目前，中南卡通已经与国内10多家玩具、文具、儿童用品企业建立了良好的合作关系，有20多个品种品牌授权产品正陆续推向市场。"天眼"品牌热度持续增长，天眼童鞋、天眼文具、天眼纸玩、天眼布玩、天眼木玩、天眼电玩等产品先后与产业方合作并陆续推向市场。据不完全统计，由中南卡通动漫形象带动的销售额累计超过20亿。致力国际化，也是企业的又一生财之道。2005年，中南卡通参加法国戛纳电视节等国际专业会展，以推销中国文化为切入点，坚持不懈地出击国际市场。2006年，中南卡通经商务部批准在新加坡成立海外发行公司。2007年动画片海外发行收入170多万美元。2008年，中南卡通全年动画海外销售额超过300万美元，外汇收入220万美元，作品已经累计进入63个国家和地区，中南卡通是被重点奖励的全国16个影视文化出口企业之一。杭州动漫企业正从产业链的不断完善之中，正从自主品牌的点点创建之中，积累自身的实力。

四、展会效应不断显露

自2005年6月首届中国国际动漫节在杭州举办以来，杭州已连续举办了四届"中国国际动漫节"。得益于动漫节落户杭州，动漫节有效汇聚了全国动漫产业的信息流、资金流、人才流，成为动漫产业发展的"航标灯"、"催化剂"。据统计，四年来共有近200万人次参与中国国际动漫节，中国国际动漫节已成为目前世界上规模最大、参与人数最多、内容最齐全的动漫盛会。香港著名漫画家黄玉郎感言，动漫节场内场外的气氛相当好，这是对观众无形的培育，对动漫产业的发展非常有利。的确，杭州以动漫节为平台，促进项目集聚。第四届动漫节有17个国家和地区的近300家机构和企业参与动漫节相关活动，云集了全国各动漫基地、院校、动漫企业以及来自世界各地的业界精英，整个动漫节签约项目金额突破50亿元；动漫眼球效应也充分显现，第四届动漫节期间有100多家境内外主流媒体对动漫节进行全程报道，各类新闻播报近2000篇次。通过展会来催生动漫产业的发展机遇，整合各方面优势资源，进一步推动杭州动漫产业快速发展，为打造中国"动漫之都"奠定基础。

【旋转的思维】

<h1 style="text-align:center">杭州的动漫使命[1]</h1>

很短的时间，杭州动漫产业取得了如此之多的成绩，向成功迈出了可喜的一步。可杭州作为中国国际动漫节永久主办方，不仅要培育国人的动漫热情，还需引领中国动漫产业向前发展。因此，从某种意义上来说，杭州肩负着振兴中国动漫产业的艰巨使命。

日本曾有一份报纸发表了《动漫拯救了日本》为题的报道，深刻阐述了动漫在日本经济活动中的重要地位。当前，杭州动漫产业正进入发展壮大的阶段，良好的环境为动漫产业营造了巨大的发展空间，动漫产业要在国际上占有一席之地，当今最重要的是如何实现从数量增长到精品转变，本人觉得需要致力于三大融合。

1. 民族与原创的融合

日本动画由模仿起步，以民族风格立足，远师迪斯尼，近学中国，但始终以自古相传的和制漫画、浮世绘、东洋画为根本，加以变通和发展，形成了一套东西合璧的动画技法。日本动漫的经验足以表明立足自身的向外学习的重要性。唯其如此，中国动漫才能发挥"后发优势"，缩短在黑暗中摸索的历程。悠久灿烂的中华文化为我国动漫的内容创新、增强吸引力提供深厚文化底蕴，只有将作品定位在民族文化这一范畴，彰显民族特色，才有文化上的交流和保留价值；当今没有原创，会失去自己的个性，让人有距离感，也无法与美日等动漫大国抗衡。只有民族性和原创性高度统一的作品，才能够起到国内市场与国际市场并重的双重效果。

2. 艺术与技术的融合

最终决定动漫产业命运的是文化内容、理念层面上的创新，从漫画到动画，从动画到游戏，不是一个替代了一个，而是艺术伴随着技术进步的发展和衍生，其核心创造力就是在一定科技水平手段上，符合于时代审美的艺术表现。在一个视觉文化泛滥的时代，俗套的故事一次又一次翻上荧幕，既费资金也耗精力，不容易得到观众的认可；而单一凭借技术上的"亮点"来获得观众的眼球，终究也会被观众所抛弃，只有艺术与技术完美统一的作品才是精品。因此，设计合乎观众需求的产品，内容题材创新是动漫产业不断进步的关键。

---

[1] 本文发表于 2009 年 4 月 23 日《杭州日报》第 C07 版《杭州的动漫使命》。

3. 现实与虚幻融合

日本动漫的成功离不开对现实与虚幻融合的巧妙把握。许多动漫采用时空交叉手法，把传说中的故事与人物同现代社会结合起来，并加入很多在现实中很难办到、理论上似乎行得通的元素，增强了影片的真实性与说服力，提高了观赏性。日本动漫里的英雄多数是凡人，人物总是随着故事情节的推移和发展不断成长，显得立体而丰满。动漫不仅表现理想化的事物，也映射普通人的情绪，观众为作品所感染，观众与作品主客体之间相互融合。日本动漫是在再现人物、生活本质的基础上，以假想的逻辑重新创造出客观世界以外的超凡情境与形象，动漫作品将现实与虚幻完美地结合起来，让人觉得虚者不失其真，真者不乏其幻。这些设计思想使其动漫业的观众群越来越多，推动了动漫的商业化。

危机催生动漫快速发展[1]
—— 动漫产业发展探究之二

考察日本、韩国动漫产业的发展历程，我们发现一个有意思的现象 —— 动漫产业的飞跃，都是以经济低迷为起点的。

一、《铁臂阿童木》时代

第二次世界大战后的日本，结束了战争的压抑和苦闷，经济萧条，百废待兴，当时，新旧观念和体制互相冲击，人们无所适从。随着社会的旋涡沉浮，日本人又极其渴望摆脱外国势力的统治，急需精神家园的重建。就在这个时候，漫画文化初现端倪，市场上开始流行起一种新兴的小画书，这种小画书成本低廉，制作简单，多以红色纸做封面，被称为"红皮书"，是最早的漫画单行本雏形。1951 年手冢治虫的漫画《铁臂阿童木》诞生了，阿童木纯真、善良、勇敢、百折不挠的精神，成为了当时日本人心目中的英雄偶像，受到大众的一致追捧，也改变了日本国民认为漫画"幼稚"的偏见，确立了漫画的地位。1963 年 1 月 1 日，最早的电视动画片《铁臂阿童木》在富士电视台开播，收视率高达 47％，掀起了狂热的动画片热，从而推动了日本动漫产业的形成与发展，奠定了日本动漫日后在全球的地位。

二、动漫成为日本人心灵的寄托

1990 年，日本泡沫经济破灭以后，实体经济遭受很大打击，但与此同时，日本动漫产业却得到迅速发展。这一时期，日本的动漫开始越来越关注贴近现实与心理方面的剖析，主题转为更加人性的刻画，动漫作品完全成为一种内心宣泄和心灵感应，它折射出了当年许多日本人无奈的生活景象，也成为充满压力的社会里的解压密码。并且，日本动漫彻底改变了以往动画片"以儿童为主要观众"的定位，把动画片提高到具有人文思想的高度，使其作品具有了十分强烈的文化张力。本世纪初，日本举国上下开展了对当年泡沫经济的反思，将日本经济十年停滞不前、"失去十年"的原因归结为人性的贪婪，2002 年上映的《千与千寻》就是塑造了迷失在欲望之都坚强的小姑娘千寻，该片融入了浓郁的东方人文关怀元素，表现"细腻"而"生动"。总之，日本动漫不仅在技法和表现手法上形成了日本特有的动漫艺术风格，更多是关注现代社会人的生存境遇，

[1] 本文发表于 2009 年 4 月 30 日《杭州日报》第 C07 版《危机催生动漫快速发展 —— 动漫产业发展探究之二》。

触及人的情感欲望、身份认同、心理变化与挣扎奋斗等问题，深谙其中人文精神，成就了一个又一个生动的形象，并以一种东西方观众都理解的方式来表达，赢得了全世界的欢呼和认同。

日本的社会环境也是动漫艺术极易生存的土壤。日本一个主流漫画杂志的编辑 Keizo Inoue 指出："今天的孩子们被沉重的考试系统所淹没和隔绝，很少有机会与他人交往，于是他们在漫画书中寻找自己的朋友。"同样的情景也发生在成年人身上。日本人崇尚团队精神，强调在组织中的纪律，不鼓励个人主义，因此，他们只能在动漫作品中去实现他们的冒险、刺激和张扬个性的梦想。所以我们看到，在美国动画作品中的英雄一般都是超人，而日本动漫作品则不然，它里面的英雄大都是凡人，凡人做不平凡的事情成为了英雄，"凡人英雄"实际上是普通日本人所寄予的梦想。在空间拥挤、习俗戒律繁琐的日本社会，背负着巨大压力的日本人通过动漫得到了一种宣泄和放松，动漫作品的广阔而奇妙的世界，给了他们躲避现实的最佳场所，使他们能够自由地畅游在梦想中。因此可以说，动漫是在日本人强烈的逃避现实的需要下，催生成的一种精美艺术。

日本动画的商业化程度很高，这个国家目前共有 430 多家动漫制作公司以及一批世界一流的动漫工作者，产业链非常完整，年 230 万亿日元的产业营业额使动漫成为了日本的第三大支柱产业。日本动漫产量惊人，每个月都有大量新生产的动漫作品问世，电视台每周播放动漫节目 80 多集，一年播放的动漫作品节目接近 4000 集，精细的分类使得多种动漫产品"总有一款适合你"。

三、危机催生了韩国文化创意产业

1997 年亚洲金融危机爆发，东亚最活跃的经济体韩国也未能幸免，当年韩国失业率激增，大量的青壮年劳动力失去工作的机会，伴随着经济的严重衰退，大众消费支出大幅削减，韩国失业的年轻人整天无所事事。那段时期正值"星际争霸"游戏在韩国大卖，对那些无力到娱乐场所消费的人，只需要购买一张"星际争霸"光盘就可以打发那些无聊的时光。许多年轻人沉浸在一个叫做 battle.net 的星际网站上乐此不疲，这款优秀的作品已经带给了他们很廉价的快乐。精明的韩国政府终于也发现了这一点，于是大学里开设了游戏相关的专业，电视台开播了游戏频道，一些星际玩家逐渐成为了家喻户晓的明星，商人们也开始赞助一些星际争霸的比赛。虽处于金融危机，动漫游戏产业却蓬勃发展起来，家长们也开始认同子女从事这项新兴的产业。韩国还成立了文化产业振兴院，亚洲金融危机之后，在世界各地推广韩国动画、电影、电视剧，催生了韩国的文化创意产业。

经多年实践，韩国培养出不少专业人才，也积累了丰富的制作经验和技术。目前，韩国在动画制作者协会注册的动画制作企业有 62 家，从事动画片制作的达 2 万多人，制作技术和能力远远超过中国、东南亚等国家和地区，达到发达国家 80％的水平。其动画片制作数量仅次于美国和日本，世界动画片 80％的背景画源于韩国，其中包括美国迪斯尼公司创作的《美女与野兽》等名作。随着动画制作水平的不断提高，韩国以 OEM 方式（启用订货方商标的制作方式）承接国外动画片制作，逐步发展成为世界动画片制作基地，动画片出口增长率年均超过 10％，2002 年出口额达 8387 万美元，是当年电影出口额 1501 万美元的 5.5 倍；同年动画片进口 761.3 万美元，顺差 7625.7 万美元。2003 年动画产业产值由 1998 年的 3200 亿韩元增至 4050 亿韩元，当年动画片销售额由上一年度的 2149 亿韩元增至 2699 亿韩元。韩国成为继美国和日本之后世界第三大动画片制作和出口国。

【旋转的思维】

金融危机下的动漫诉求[1]

突如其来的金融危机，有的人渴望发财的欲望减弱了，有的人害怕贫穷。在通货膨胀与通货紧缩交替的复杂现实中，容易改变人们对于财富的概念以及财富生成的概念，勤俭、诚实、自我克制等传统价值观受到挑战，相反，贪婪、奢侈、缺乏自制等反而成为某种成功的象征。经历了危机的人们更热衷于投机而非踏踏实实。这样的社会风气可能会蔓延到经济领域之外，从而影响我们传统的价值观念。此时，人与人之间需要相互的宽容，社会底层的民众更需要心灵的安抚。动漫世界是一个包容的世界，每个人都可以通过动漫克服自己软弱的一面，可以找到满足自我的方法；学生通过观看动漫，知道如何对待友情、亲情，如何面对社会，这些都是在学校和日常生活中很难学到的东西。在动漫这个充满想象、虚构的世界里，每个人都可以张开想象的翅膀，尽情地享受和体验，或是刺激冒险、或是感动难忘、或是温馨幸福、或是浪漫甜蜜的故事生活。现实生活中很难实现的梦想和生活状态都可以以动漫中的人物为媒介，通过动漫情节去体会、去感受。

[1] 本文发表于 2009 年 4 月 30 日《杭州日报》第 C07 版《金融危机下的动漫诉求》。

日本著名的动画制作公司东映的制作理念是"向世界的所有小孩和大人们赠送梦想和希望，通过观看动画，可以让小孩子向往未来，丰富自身的想象力。制作品质优良的动画作品能'治愈'人们的内心，给予大家对明天的希望。"因此，充满幽默情趣的内涵，画面动人，社会主题深刻的动漫极其容易成为人们的文化诉求，所以，金融危机背景下更需要动漫。

以国际眼光探索杭州动漫产业发展之路[1]

—— 动漫产业发展探究之三

美、日、韩三国不同程度上引领了世界动漫产业的潮流，他们经过长期发展，已经形成自身鲜明的特点。我们可以借鉴美国、日本和韩国的动漫产业发展经验，汲取各家所长，探索适合中国以及杭州动漫产业的发展之路。

一、美国：技术领先

美国动漫产业是世界现代动漫产业的起点，在全球最具有影响力。美国是世界电影大国，动漫产业也是靠电影起家。如以电影动画起家的迪斯尼公司至今仍是世界动漫产业的领头羊。米老鼠、唐老鸭等一系列动画品牌都是通过电影产生的。

美国动漫片以剧情片为主，情节曲折，生动有趣，人物性格鲜明，音乐优美动听，引人入胜，特别注重细节的刻画。幽默滑稽、以立体性思维来取胜是美国动漫的另一个特点，没有冠冕堂皇的中心思想及内涵，活泼、幽默、搞笑题材是动漫片的最佳选择。《猫和老鼠》中猫和老鼠无休无止地追逐，是一个最佳的看热闹的内容，不需要有其他任何思考，达到能让观众笑个够的幽默境界。

美国动漫产业的发展模式是先把动画片推向市场，树立起卡通明星品牌后，推出一系列衍生产品。然后利用其资本优势，把动画生产迅速扩大到世界各地。在此过程中形成从动画创作、动画策划到动画投资、制片、生产管理、外包加工、出版发行等一个完整的协作链。

在动漫衍生产品这个主题上，美国有一套科学的商业模式和高盈利的营销手法。如90年代，《变形金刚》以免费的方式在中国各电视台上映，但其衍生产品却从中国获得了6亿的高收益。动漫巨头迪斯尼的盈利模式更是创造了一个又一个神话，通过制作并包装源头产品动画，然后打造影视娱乐、主题公园、消费产品等环环相扣的财富生产链，世界各地迪斯尼乐园的建立、迪斯尼网站、迪斯尼音像制品、迪斯尼数码产品都在带给人们快乐的同时获得了令人惊叹的利润。

美国动漫技术的不断更新极大地提升了动画片的质量，动漫追求写实，画面动作连贯性强，流畅真实，很难找到粗糙不连贯的动作画面，观众仿佛置身于一个真实存在的

[1] 本文发表于2009年5月21日《杭州日报》第B06版《以国际眼光探索杭州动漫产业发展之路 —— 动漫产业发展探究之三》。

动漫世界里,动漫人物的一笑一颦,一喜一悲,无不幽默地表现着美国的文化积淀和庞大的动画制作科技力量。在《怪物史莱克》《海底总动员》《料理鼠王》等一部部三维动画里,能充分感受到美国动漫科技的魅力。

美国动漫商业气氛浓厚,且多以角色为中心,当一个角色成功打入市场,就会长期开发该角色形象,不断给该角色增加新故事、新特色或新能力。因此美国动漫角色丰富生动,生命力强,生命周期长。

美国的动漫也体现了其垄断经济特色,在取材上,美国动漫主人公大多是一些超级英雄,故事也趋于简单化,多以绝对力量拯救世界或强大的力量从困惑到被社会接受的过程等为题材,并且一直以这些超越常人的能力作为动漫的看点,长久以来不愿进行全面的突破。

总之,美国动漫产业的发展拥有品牌、高科技和企业航母等优势条件,其唐老鸭、米老鼠等世界级卡通品牌数十年来盛况不衰,迪斯尼、好莱坞等企业航母声名卓著,高科技卡通形象和影视制作技术的天衣无缝的结合是美国动漫产业独占世界鳌头的制胜法宝。另外与美国拥有良好的制度环境、市场环境和创新环境密不可分。

二、日本:滚动发展

在日本,不论政府抑或商家,都没有仅仅将动漫当作简单的休闲文化,而是扎扎实实将其当作一个产业来加以扶持和发展。日本不仅将动漫、游戏软件等"大众文化"作为新兴产业给予高度重视,而且将其作为在经济和外交范畴之外,确立强国地位,发挥国际影响的"软实力"。

日本动漫选材非常丰富,以小见大是其一大特点,很多是生活中极其平常的事件,却能将梦想、环保、人生、生存等令人反思的事情融合起来,作品的意义十分深远。日本动漫常以小人物寻找人生目标,实现人生价值的最为多见,而表现手法上则比较细腻,注重刻画角色内心世界,人物情节错综复杂,具有一定的文化深度。

日本是以漫画来推动整个动漫产业的,日本是一个漫画大国,选择由漫画入手一方面符合日本的国情,另一方面漫画与动画本身就有很强的联系。其产业流程是:漫画杂志连载 —— 漫画单行本 —— 电视动画 —— 剧场版动画、授权衍生。这种以漫画为先导,为后续动画制作尝试接触市场,增大了动画片市场成功的概率,极大地降低了动画片的投资风险。

日本的动漫产业发展也经过了很多年,它一直注重有原创性的漫画形象的创造,各种漫画杂志市场定位明确、市场细分完善。当漫画形象获得成功之后才会以漫画形象为主角制作动画电视连续剧、动画电影等。

日本动漫衍生品的制造商有极强的市场意识，运作机制灵敏快速，常常在动漫作品有一定的读者群之后马上推出相应的衍生品。动漫衍生品在获取利益的同时亦帮助了动漫作品的宣传，依靠动漫产业周期性长的特点，可以创造出巨大的收益。

日本动漫产业自诞生起就未曾出现某一家优势特别明显的现象。国内众多动漫生产公司并没有实际意义上的领头羊，多家企业平行发展，相互间竞争激烈。日本这种平行发展的产业模式通过激烈竞争不断挖掘最吸引国内观众的动漫作品，最大限度满足了国内消费者的文化需要。

日本政府非常重视发展动漫产业。在1995年，日本文化政策推进会议发表重要报告《新文化立国：关于振兴文化的几个重要策略》，提出了21世纪"文化立国"的战略方针中就包括了动漫文化。将动漫作为日本文化对外输出的载体，并将其纳入产业范畴，进行工业化、标准化的生产。采用企业积极投资开发制作动漫产品，政府政策扶持，大专院校培养输送动漫专业人才和科研机构研发技术的发展模式。

三、韩国：独辟蹊径

另一后起之秀韩国这两年更是异军突起，韩国在学习美、日两国优秀动漫经验的同时，另辟捷径，找到了一条属于自己的动漫产业发展道路，成为美国、日本后又一个动漫强国。

对于经济发展长期处于政策主导模式下的韩国来说，游戏产业实现扩张神话最重要的因素是政府的支持和社会的广泛认同。从制定国家战略到基层宣传，韩国政府以国家提倡的方式实现了游戏产业地位的提升，在政府、企业组织和个人等各个层面建立起对游戏产业的广泛的价值认同，由此，不仅深度开发了国内游戏市场，更激发了游戏产业发展的巨大创造潜力。1999年，韩国政府正式启动《21世纪韩国网络发展计划》，整体规划网络信息技术产业的未来发展；2002年4月，发布《2002大韩民国游戏白皮书》，将发展网络游戏业提升到国策的高度。政府利用全方位的游戏产业振兴计划，充分动员各种社会资源，将韩国游戏成功推向世界市场。

韩国动漫产业的飞速发展与其全新的产业链是分不开的，这一产业链与日本动漫产业链相比在延伸方向上不相同。韩国从网络着手，通过先开发网络游戏，随后再推出相关的衍生产品，甚至根据游戏角色重新创作漫画和动漫片，形成了一个从立项、开发、制作、包装、市场推广在内的一个完整的产业链。通过这样一条新路，使韩国从原先的外来加工一跃成为世界第三动画大国。韩国网络动漫产业能够成功，跟政府对发展网络文化产业的支持是分不开的。

韩国以数码技术为重点的动漫产业战略已经取得了较好的成效。一部13集 flash 动画短片 Mashi Maro（《流氓兔》），就创收了1200亿韩元，使其动漫产业的产值堪与该国汽车产业媲美。

在投资模式上，韩国动漫形成了创业投资、政府投资以及民间投资等多种投资组合。业内专家一致认为，韩国网络动漫产业能够成功，关键在于它形成了一个从立项、开发、制作、包装、市场推广在内的一个完整的产业链，而且这与政府对发展网络文化产业的支持是分不开的。

韩国在动漫制作机制上逐步实现了从"以集体制作为中心"向"以个人制作为中心"的方向转变。韩国十分注重在学习中创新，独辟蹊径，将动漫制作与自己的优势产业相结合，如将动漫制作与网络技术结合，从以2D为中心的制作方式迅速扩大到Full 3D、2D & 3D 的合成方式，并且在 IT 基础上迅速发展 Flash 等数码动漫。游戏人物一旦从简单的二维转向虚拟三维世界，成人也爆发出对于动漫游戏的极大热情。

另外，韩国动漫产业还通过"编辑终身雇佣制"、发展漫画租赁业、教科书采纳漫画内容等措施，有力推动了动漫产业的兴盛与发展。

美日韩世界三大动漫强国的发展路径大同小异，都塑造了深入人心的卡通形象，并围绕卡通形象开发衍生品。机灵搞怪的史努比、坚毅勇敢的狮子王、惹人喜爱的米老鼠，大错不犯小错不断的樱桃小丸子、调皮搞笑还有点"色色"的蜡笔小新、勇敢和正义化身的美少女战士，韩国的"流氓兔"都是观众熟悉的形象。

但在产业发展模式方面还是有明显差异，美国是技术领先模式，日本属于滚动发展模式，韩国则是政府推动模式。产业发展成功之道主要以纯粹艺术为基础，投入巨大的人力、物力制作动画片产品，再运用成熟的商业手段在全球推广动画片产品和相关生产品；并以市场为核心，围绕形象产业运作。

杭州动漫产业处于起步阶段，尚未形成类似美日韩的模式。需要借鉴国际经验，积极探寻振兴之策，使动漫产业走出一条特色之路。同时，不时向企业和民间个体创作者提供准确的市场信息，引导动漫发展方向，避免造成人力、财力的流失或产业的虚热。

物联网，联结你、我、它[1]

炎炎夏日，出门在外，希望一回家就能享受惬意的清凉世界，那就用手机发一条短信，操控家中的智能控制系统：空调自动打开、浴缸中放好热水，甚至再开启音响、播放起主人喜欢的曲子……这种以前只在科幻电影里出现的生活画面，离我们已不再遥远，物联网所能带来的美妙体验，不久均将成为现实。

物联网是通过各种传感器，把世界上各种物体联系起来，再通过互联网传输相关信息并加以识别、管理而形成的一个巨大网络，实现世界各地真实物品或机械设备的远程控制和自动化之间的信息交流。物联网最重要的功能是对物体具有全面的感知能力。

物联网的应用前景十分广阔，不仅在工业监控、智能家居、智能交通、食品安全等多个领域有所涉及，还广泛应用于政务、公共安全、健康护理和国防等各个行业和生活的各个方面，给人类社会带来的深刻影响和变革，要远远大于互联网。

一、地震感知预警系统

日本在物联网的实际应用上，也取得了一定的进展，特别是基于物联网的日本地震感知预警系统。多年来，地震预警一直是一项难以攻克的世界性科学难题。2007年10月，日本的传感型地震预警系统正式投入使用，日本各相关机构可无偿使用这项服务。2008年6月14日，日本东北部的岩手、宫城等地发生里氏7.2级地震。日本气象厅在主震到达宫城石卷市前12秒，发布了地震预报，给人们在避灾方面提供了宝贵的反应时间。

二、与食品对话的冰箱

2010年1月23日，海尔发布了世界上首台"物联网冰箱"。与现在市场上的普通冰箱相比，"物联网冰箱"不仅可以储存食物，而且可以通过与网络连接，实现冰箱与冰箱里的食品进行对话的功能。比方说，它知晓储存其中的食物的保质期、食物特征、产地等信息，并会及时将信息反馈给消费者，让消费者对冰箱里的食品做出必要的反应。同时，"物联网冰箱"还能与超市相连，让消费者足不出户就知道超市货架上的商品信息，并能根据设定的程序自己购物。冰箱还能显示超市打折信息、还带有网络可视电话、浏览资讯、播放视频等多项生活与娱乐功能，给消费者的生活带来全新的享受与体验。

[1] 本文发表于2010年10月14日《杭州日报》第B10版《物联网连接你、我、它——话说物联网之一》。

三、问题空调能自动报警

在空调里植入一块芯片，芯片记录着产品的各种运行数据，一旦空调出现了质量问题，在消费者可能毫不知情的情况下，空调能自动在第一时间向厂家反馈，厂家可以根据问题的复杂程度，决定是进行远程维修，还是上门解决；同样，家里的水、电、气等万一出现泄露或其他故障，消费者的手机短信会及时自动报警；当你出门在外，家中一旦有陌生人进入时，空调会自动报警并在第一时间将现场监控视频传输给你；当你旅游、出差时间较长，非常惦念家中情况的时候，空调会把家里即时画面传送给你，让您享受与家的"零距离"接触；当你在归家途中，通过3G网络远程开启空调，它会根据室内外环境温度将家中温度自动调节至最舒适状态，等你归来。

四、轻巧的"电子书包"

厚重的书包一直是学生的负担，尤其是小学生小小的肩上动辄扛着近十斤的重量。"电子书包"很轻巧，可以让学生摆脱沉重的书包，"电子书包"不单包含了教材、字典，连作业和练习都能在当中完成。教材内容都能通过校内服务器或数字出版平台在线下载，而且每学期都可升级更新，做到上什么课就下载什么内容。同时，电子书包还有定位通信服务，确保学生在往返家校路途中的安全性。

上海金山区海棠小学几年前已开始试用电子书包代替传统的书本教材，每一位教师、学生、家长都拥有一张电子书包通行证，即密码和用户名，每天的课后作业、学校通知都是通过网络发送到每个人的电脑中。考试后，家长能第一时间就能知道孩子的成绩以及在班级里的排名，并能与老师、其他家长在线交流。上海市教委计划5年之内推广"电子书包"。

五、物联网成就智慧农业

农民拿着手机，就能查看大棚作物生长状况，对棚内的光照、温度、湿度进行管理，非常方便。通过传感器观察农作物是物联网技术在农业上的鲜活应用。传感器能发挥巨大的作用，比如二氧化碳传感器可以进行农作物生长的人工环境监控，促进光合作用；而形状传感器、重量传感器、颜色传感器则能监测到目标物体的体型、大小、颜色，以辨别农作物的成熟程度，确定采摘时间，还可以利用超声波传感器、音量和音频传感器等进行灭鼠、灭虫等；可以利用流量传感器及计算机系统自动控制农田水利灌溉。配置物联网模块进行数据传输和分析，来实行自动报警、远程视频监控、远程访问等功能，农民就能随时随地通过手机，掌握实时田间信息，实现智慧农业。通过传感设备、物联网模块实时对农作物标准化生产监控、农业自动化滴灌、淡水养殖无线水质监测等，目前已开始应用。

六、实现数字医疗的愿景

物联网技术开始发挥重要功用是在民生领域的医疗卫生方面，物联网有助实现数字医疗的愿景。目前，上海市闵行区已有五六个社区卫生服务中心辟出专门房间，设置基础性的数字医疗仪器，这些数字医疗仪通过手指、手臂等部位，无损伤地测血糖、量血压，精度达95％以上。供居民自助开展健康监测，俗称"健康小木屋"。重要的是，这类数字医务室的监测信息可以由物联网上传至社区卫生中心，为个人尤其是老人提供健康管理和监护服务，这种模式也可直接延伸至家庭。国内最近还研发了布满传感器的"心电衣"，穿上它测得的心电图，可由手机发送到医疗机构甚至急救中心，由医务人员远程诊断是否异常。目前其成本可控制在2000元以下，使一些居家养老者具备购买能力。

七、开启智能家居系统

物联网时代，无线控制将不断深化，家中的电视、电脑、手机等显示设备都可以作为控制终端，实现远程有线／无线控制家里的智能家居系统，给用户提供了更多的舒适与便利。如用户离家后只需用手机一按"离家"模式，家里所有的灯光、门窗、家电等设备会自动关闭，防盗报警系统自动开启并设防，用户根本无需为门窗、空调等设备是否关闭而担心；而下班以后，只需通过手机打开"回家"模式，智能家居系统便会立即启动预设的功能，如执行打开空调、热水器、窗户等操作，所有的控制只需要通过操作手机即可方便地完成远程控制。

【旋转的思维】

物联网：改变人类的生产与生活方式[1]

早在 1995 年，比尔·盖茨在《未来之路》一书中就曾提及物联网。2005 年 11 月，国际电信联盟 (ITU) 发布了《ITU 互联网报告 2005：物联网》报告，物联网概念正式推向了世界。2009 年，物联网出现在各国发展战略规划中，无论是奥巴马对"智慧地球"的积极回应，还是温家宝总理在无锡视察中科院物联网技术研发中心时提出的"感知中国"，物联网已引起了整个世界的重视。全球主要发达国家和地区纷纷制定与物联网相关的信息化战略，冀望借助物联网来突破互联网的物理限制，寻求金融危机解决之道，刺激经济增长。如美国"智慧的地球"、欧盟"物联网行动计划"、日本的"e-Japan"、"u-Japan"、"i-Japan 战略 2015"计划等。物联网是人类面临的又一个发展机遇，2010 年，我国政府工作报告中也强调要"加快物联网的研发应用"。

近年来，在越来越多的场所，物联网已开始不断地改变着我们的生活方式和消费习惯。如智能家居概念逐渐深入到城市市民的生活之中，且不断地影响着人们的思维。城市社区的一些用户已经开始安装使用智能家居系统，并尝试智能化为家居生活带来的安全、舒适和便利。在世博会思科馆内，最新的实时、高清、高保真的"网真"技术，能实时实现网上的视频和音频交流。思科馆内一部 8 分钟长的电影展示了 2020 年的生活图景：和朋友视频聊天，订机票……孕妇体检不用上医院排队，只需戴一个类似手表的装置，医生就能通过远程了解胎儿的最新情况。孩子放学了，家长只要在网上互动区瞧上几眼，就能知道孩子当前在哪儿……

物联网代表了下一代信息发展技术，其发展的目标是将世界上的任何物体与互联网连接起来，物联网传递着"智能＋互联生活"的理念，正改变着人类的生产与生活方式。

---

[1] 本文发表于 2010 年 10 月 14 日《杭州日报》第 B10 版《物联网正在改变人类》。

物联世界　感知中国[1]

当前，从"信息高速公路"到"智慧地球"和"感知中国"，形形色色的传感技术、通信技术、无线技术、网络技术共同组成了以物联网为核心的智慧网络，物联网成为世界性的热门话题之一。阿基米德曾说过"给我一个支点，我可以撬起地球"，而当今距离"给我一个物联网，我能够感知地球"的时代不远了。

一、引领经济复苏的新动力

从经济长波理论的视角而言，如果实体经济领域的利润率较低，资本便会开始寻找其他回报率更高的获利机会，一般金融领域容易得到更多的青睐，而随着金融泡沫的破裂，金融危机的到来迫使经济长波处于下降期，整个经济陷入严重的危机甚至萧条状态。但每一次经济危机必定会催生新的技术，并且这种技术能为产业发展提供一种全新的使用价值，从而带动新一轮的消费增长和利润率较高的产业投资，从而促进长波上升期的形成。生物技术、太阳能等新技术、新能源技术都可能成为候选，"信息高速公路"的巨大成功以及 IBM "智慧地球"的提出，物联网有可能成为信息产业在计算机、互联网之后的第三次浪潮，美国、欧盟等发达国家和地区都在探索物联网，使物联网自然而然成为全球的热点，作为新的发展契机，物联网被当作是引领着世界经济复苏的新动力。

二、从战略高度向产业层面进军

发展物联网不仅是网络技术上的演进，更是社会经济发展和国家竞争力提升的战略考虑。美国认为"物联网是下一个世纪人类面临的又一个发展机遇"，并将物联网络技术看作是未来改变人们生活的十大技术之首；日本为了改变长达 20 年经济低迷的困境，重新建立在世界技术领域中的领先地位，高度重视物联网人才的培养、物联网知识的普及和相关物联网教育，在物联网国家战略计划中，分别作了具体规划，希望借助于物联网技术，在数字领域占据制高点，使日本重新获得"第一梯队"的地位。一些主要发达国家都把争夺物联网科技制高点作为战略目标，把创新投资作为最主要的战略投资，把发展物联网技术及产业作为带动经济社会发展的战略突破口。这预示着全球将进入一个前所未有的创新密集时代，重大发现和发明将改变人类社会生产方式和生活方式，物联网产业将成为推动世界经济发展的主导力量。

[1] 本文发表于 2010 年 10 月 21 日《杭州日报》第 C07 版《物连世界 感知中国—— 话说物联网之二》。

2009 年 8 月 7 日，国务院总理温家宝到无锡微纳传感网工程技术研发中心视察并发表重要讲话，指出"在传感网发展中，要早一点谋划未来，早一点攻破核心技术"；"在国家重大科技专项中，加快推进传感网发展"；"尽快建立中国的传感信息中心，或者叫'感知中国'中心"。温总理的号召开启了中国全面关注和研究传感网的序幕。北京、上海、福州、深圳、广州、重庆、昆山、成都、杭州等城市都加快了物联网发展的布局，并纷纷编制"十二五"物联网发展专项规划。

三、当前国外物联网的实践范例

日本：2010 年 8 月 11 日，日本启动了横滨市、丰田市、京都市和北九州市四个地区的"智能城市"试点项目。横滨市项目：通过大量引入可再生能源与电动汽车，对家庭、建筑物和社区实施智能能源管理；丰田市项目：将在居民住宅内安装太阳能光伏发电、燃料电池等新能源设备，并引入混合动力车与电动汽车等清洁能源汽车；京都市项目：对家庭能源消费可视化管理、通过使用由电源传感器与通信网络组成带有电源控制功能的智能插座组建按需式电源管理系统；北九州市项目：充分发挥该地区的社会基础设施优势，对新能源引进、区域能源优化、能源使用可视化、城市交通系统改进等方面进行实验验证。

韩国：启动"物联网"服务模式开发项目，韩国通信委员会计划通过本次活动推动未来型物联网服务模式的开发与商用化，为实现泛网社会与低碳绿色增长作贡献。

迪拜：通过"单一窗口系统"，将近百项公共服务的流程整合、简化，大大提升了公共服务的效力。

斯德哥尔摩：通过采用动态的汽车收费办法，使市内车辆减少 25%，尾气排放降低 14%。

哥本哈根：通过智慧医疗系统，医生能够掌握病人的所有医疗记录，进而实现了全球最低的医疗失误率。

芝加哥：一套新的公共安全系统的使用，保证了政府在第一时间对紧急事件有了更快的反应。

西雅图：居民通过智慧电力系统可以即时调整能源的使用，从而降低电网 15% 的压力，能源消费平均降低 10%。

爱尔兰：通过水文系统及时的数据分析和监控，与水资源有关的灾害预测精度大为提高，给商业捕鱼等利益相关者提供了极大的帮助。

四、蓬勃发展的国内物联网产业

国内物联网发展迅速并被赋予以新技术、高科技实现中国经济新一轮增长的使命。短短一年时间，中国传感网标准体系框架初步形成、中国传感网产业创新研发示范区、研发中心、中国物联网产业研究院、物联网产业联盟相继落地，防侵入传感网开始在世博会和浦东机场投入应用……至此，中国物联网产业正式扬帆起航，物联网元年就此开启。

在长三角区域，江苏实施"一个产业核心区（无锡）、两个产业支撑区（南京和苏州）"的发展策略；

浙江是国内物联网产业起步较早、产业基础较为扎实、技术研究实力较强的省份。在发展规划上，浙江侧重打造以杭州为核心，嘉兴、温州乐清为"两翼"的物联网产业集群；2010年3月中旬，浙江省成立了物联网产业规划编制小组和物联网"产学研用"联盟，设立浙江省物联网产业发展专项资金；

上海提出打造浦东和嘉定两个物联网产业基地；

2010年8月13日，福建启动建设首个物联网产业公共技术服务平台，项目总投资1476万元，新建传感网、传输网、软件及系统测试等3个平台和一个仿真测试中心，同时建设高端人才培养基地，并提供物联网产业信息、咨询和技术等服务。

"感知中国"应用中心此次提出"3+1"发展目标，即实现"感知政务"、"感知企业"、"感知生活"三大应用，并打造一个物联网产业链。

"感知政务"：即加强政务信息资源开发利用与共享，完善数字化城市管理，在政务公开、城市管理、服务业等领域广泛开展信息化应用示范项目建设，推进平安城市、电子政务、智能交通等应用。

"感知企业"：加快企业与重点行业的信息化建设，推进车辆定位、无线POS、视频监控、自动报警等应用。

"感知生活"：围绕"衣、食、住、行、文、购、闲"百姓开门新七件事，推进数字社区、数字医疗、远程抄表、远程教育等应用。

苏州初步形成了昆山周庄传感器件、工业园区通信及集成电路两大传感网产业集群，结合本地产业资源，加快TD-SCDMA与物联网的融合，实现在产业链方面的发展。

珠三角的广州、深圳、东莞、佛山，环渤海的北京、天津甚至太原、固安等地，西部重庆、成都等地区都在规划建设物联网基地，拉开了招商的"架势"。

【旋转的思维】

物联网，大家都寄予着厚望[1]

一个个有关物联网产业的政府规划不断出台，一片片物联网产业园区拔地而起，一次次有关物联网的会议在不断地召开……传递着这样一个信号：物联网——大家都寄予着厚望。

物联网的发展过程是整个社会信息化的过程，需要政府和企业等多方面的推动。物联网行业融合将是物联网发展所要面对的深层次问题，涉及企业流程改变、系统对接、设备改造和岗位调整等诸多问题，均需一一克服。未来巨大的物联网市场需要一个好的切入点，才能给产业链上的各方带来良好的经济和社会效益。

可喜的是，我国物联网在产业发展初期就得到了国家及地方政府的高度重视和大力支持，相关政策、重大规划相继开始拟定出台，发展专项资金纷纷启动设立，这是我国物联网实现长足发展的重要根基和有效保障。与此同时，由于物联网应用市场主要集中在公用事业领域，这类市场的发展具有一定的准入限制，在一定程度上有利于我国物联网产业的自主可控发展。

然而，根据物联网技术水平、用户需求和系统成熟度等方面的特点，笔者认为，物联网作为一个新兴产业，在我国才刚刚起步，产业政策、标准、技术以及应用都有待进一步完善，特别是物联网经济和社会效应的实现也还有待时日。我国作为物联网技术浪潮的倡导者，由于没有直接可以借鉴的成功经验，产业的发育和成长一方面取决于企业的技术创新能力，同时，也将进一步考验我国政府的制度创新能力以及社会的应用创新能力。但不断涌现的市场机会和巨大的产业发展空间必将引入无数的有志者，可以预计，在国家和地方政府及相关行业的积极推进下，物联网发展水平将不断提升，物联网撬动我国经济新一轮增长的前景也将值得拭目以待。

---

[1] 本文发表于 2010 年 10 月 21 日《杭州日报》第 C07 版《物联网凝结着对未来的期望》。

物联网：杭州产业高端化的一个新方向[1]

由于物联网应用领域十分广阔，大规模普及能形成上万亿规模的高科技产业市场。因而，积极培育和发展物联网产业，对于杭州加快工业转型升级，努力发展新兴产业，走产业高端化道路具有重要战略意义。

杭州已把物联网产业作为转型升级的切入点，作为打造"天堂硅谷"的重要组成部分，抓住机遇，因势利导，积极扶持，加快推进，力争走在全国前列。

一、杭州物联网产业的发展优势

杭州作为国家唯一的集"电子产业基地"、"高技术产业基地"、"中国电子商务之都"、"互联网经济强市"等称号于一体的城市，物联网的发展有着比较好的基础，主要体现以下几大优势。

1．具有产业技术的先发优势

杭州物联网技术研究和产业化应用起步早，位于杭州的中国电子科技集团公司第52研究所、杭州家和智能控制有限公司等企业是国内较早涉足物联网领域的单位，已形成一定先发优势。目前，已基本形成从关键控制芯片设计研发，到传感器和终端设备制造，再到物联网系统集成以及相关运营服务的产业链体系。截至2009年底，杭州已有物联网及相关企业近80家，年产值超210亿元，拥有相关专利及软件著作权160多项。涌现出银江电子、大华技术、大立科技、新世纪信息技术、中瑞思创等多家在智能安防、交通、医疗、电网领域具有影响力的上市企业。

2．具有信息服务业的竞争优势

近年来，杭州信息服务业一直保持高速增长，入围国家软件百强、国家电子百强、国家规划布局类的重点软件企业数量名列前茅，2009年，13家软件企业入选中国软件百强、2家软件企业入选中国自主品牌软件产品前十强，14家企业被认定为国家规划布局内重点软件企业。累计已有23家企业在海内外上市，106家企业通过了双模评估，杭州的金融、证券、管理、设计、控制、物流、公安、网络服务等软件应用建设居于全国有利地位，软件与信息服务业已成为杭州最重要的产业之一。

---

[1] 本文发表于2010年12月23日《杭州日报》第B15版《物联网是杭州产业高端化的新路径—— 话说物联网之三》。

3．具有网络经济的创新优势

杭州在全国是率先构建用宽带、互联网、无线宽带城域网、数字监控网、视频监控网为一体的基础网络平台，并且已经成功推出家庭智能终端、智能检索致力于物联网的信息服务。2009年杭州电子商务服务收入高达70.1亿元，B2B行业电子商务网站数量超过全国的1/6，位居全国各城市之首，杭州拥有一批以提供国内外著名的电子商务信息服务为主的B2B电子商务网站和信息服务平台。

4．具有产业政策的引擎优势

杭州市委、市政府把物联网作为重点培育的战略性新兴产业之一，并提出要打造国内领先、世界一流的物联网产业基地和物联网技术应用示范城市，力争到2015年将物联网产业培育成千亿元产业。2010年，杭州市成立了物联网产业发展工作领导小组；5月份，《杭州市物联网产业发展规划（2010－2015年）》正式通过专家组评审；今年市财政还将拿出1000万元资金，用于扶持物联网产业的发展。此外，政府还着手为企业搭建研发平台，推进企业间的战略合作。在产业政策的引导下，杭州物联网产业整体呈现良好的发展势头。

二、杭州物联网产业的发展特点

1．物联网发展起步早

2004年，杭州家和控制有限公司就开始了传感网的研究，也是国际无线传感网标准组的成员。中国电子信息集团第52所较早研究开发传感网关键技术和产业化应用标准，这些产业起步较早的领军企业，有一定的技术储备。

2．产业发展起点高

杭州在无线传感网、射频识别、信息技术应用和集成等物联网技术研发领域掌握了一批核心技术。如中国电子科技集团第52所解决了传感器节点、网关设备等硬件开发的关键技术，杭州家和公司研究出拥有完全自主知识产权的无线传感网技术平台，突破了五大关键技术，并且开发出的相关产品，已在电力、电表、节能减排等领域得到了示范应用。

3．产业示范应用广

杭州在物流、工业控制、智能电网、综合交通、安防监控、节能减排、智能楼宇等领域成功实施了一批物联网技术的应用项目，积累了一定的技术应用经验并逐步向物联网应用领域渗透。

4. 产业人才集聚多

杭州一直提倡宜居、宜业，城市总体上还是比较能够吸引各地人才到杭州来定居和创业，"政府资助、促进创业"的原则也落在工作实处，如 2009 年，杭州"国家电子信息产业基地实训中心"实训大学生 10617 人；举办电子商务、信息安全、项目管理、网商培训等培训班 28 期，培训企业中层骨干 2372 人次。为电子信息产业发展、信息化推进提供了有效的人力资源环境支撑。所以人才的储备、吸引人才的优势为物联网发展提供了有利的条件。

三、杭州物联网产业的发展思路

杭州坚持网络建设、技术应用、产业发展"三位一体"的杭州独特的发展模式，以核心产业、关键技术、公共平台协同突破，进一步完善物联网产业体系，将杭州市打造成为国内领先、世界一流的综合性物联网技术应用城市和产业化应用好、专业化水平强、市场化程度高、辐射带动面广的物联网经济强市。杭州形成了以下的发展思路。

1. 拓展市场，开创商业模式创新

一个新兴产业的崛起需要有良好的政策导向，也要有推广和对外合作的平台。物联网产业处于早期发展阶段，缺乏完整的技术标准体系和成熟清晰的商业发展模式。物联网产业还需要较长的时间才能找到稳定和有利可图的商业模式，探索商业模式创新是物联网产业发展的条件。

2. 构建通道，实现产业互通互联

物联网所需要的自动控制、信息传感、射频识别等上游技术和产业都早已成熟或基本成熟，下游的应用也早已以单体的形式存在。物联网产业的发展要以应用为先，嵌入到其他产业里谋求共同发展，需要构建一个好的通道，加强横向联系，实现跨专业、跨行业的联动，真正方便终端用户的使用。实现产业间的互联互通是物联网成功的重要保证。

3. 整合资源，促进产业链间融合

通过借助物联网技术，将生产要素和供应链进行深度的高效率的重组和融合，实现成本更低和效率更高的发展，加速带动其他应用领域产业链的拓展、延伸和融合，逐渐将国内的一些产业链带入良性循环的发展道路，从而真正使信息网络产业成为推动产业升级、迈向信息社会的"发动机"。

4. 拓展应用，发挥产业规模效应

物联网产业未来发展的核心关键还是在一些领域的具体应用，只要能够应用起来，技术、市场、人才都会因此而集中。借助杭州当前在物联网产业应用研发上所具有的同发优势，从应用的角度去思考，继续从核心技术上寻求突破，有效利用国内市场自身的力量去开启庞大的物联网应用市场，在这场竞争中实现跨越式发展，并通过自身的高技术能力和强大的品牌优势占据物联网产业链中附加值较高的环节。

【旋转的思维】

推动杭州物联网发展的建议[1]

当前杭州正处于转变经济发展方式、产业转型升级之际，推进物联网产业发展可以加大杭州工业的科技含量，促进多个产业共同繁荣，致力于新兴产业物联网的培育是杭州增强城市竞争力的必然选择。

现实生活中已可见物联网的具体应用，如远程防盗、高速公路不停车收费、智能图书馆、远程电力抄表等，仅是物联网雏形，还未形成一个庞大的网络。物联网涉及多个行业，产品多元、产业链复杂，作为一个新兴产业，如何有效整合各种资源或进行有效兼容，为用户创造价值，是物联网发展过程中难以绕过的问题。物联网发展作为一项庞大的工程，需要明确和发挥政府在物联网建设中的宏观职能作用，修订和制定有关法规，引入市场机制和公平竞争的原则，促进市场发育和发展。同时，在物联网发展战略计划中，需要高度重视物联网知识普及和人才培养。当前，推动杭州物联网发展建议从以下几方面着手：

1. 加强物联网产业的规划和平台建设

实现物联网，必须在所有物品中嵌入电子标签等存储体，并需安装众多读取设备和庞大的信息处理系统，需要大量资金投入，在成本尚未降至能普及的前提下，物联网的发展将受到限制。杭州可以选择物联网应用即将有所突破的行业，如生产设备、交通、食品等安全保障服务业，以及耗能灯光、锅炉等能源产业，实时修订物联网产业发展的动态规划；明确发展目标、重点领域和保障措施；建设物联网产业园和孵化器；集聚更多的相关企业加入物联网行业。

[1] 本文发表于 2010 年 12 月 23 日《杭州日报》第 B15 版《加快杭州物联网发展的五点建议》。

2. 鼓励企业加强核心技术创新

物联网的一些相关应用已经出现产品，但还停留在概念阶段，实际应用的产品比较少，消费者有时已审美疲劳，创新应用明显不足。可以由在杭核心企业组建物联网研究院，帮助改造传统产业建立以芯片设计、制造和封装、传感器制造、读写机具、软件／中间件、系统集成、网络服务、内容服务、物联网技术应用等为主要内容的物联网产业链结构；政府通过构筑平台来帮助加快核心技术研发，保持领先优势。

3. 加快物联网技术的推广应用

从智能化和节能低碳角度，大力推广物联网技术应用，特别在公共安全、节能减排、交通物流、电力安全等公共服务领域引入物联网技术和产品。通过应用，使芯片、传感设备、系统解决方案、移动运营等上下游厂商各方利益达到最大效用，形成通力配合的局面，寻找到适合物联网发展的新颖商业模式，从而更好地促进产业发展。还需要腾出一定市场容量来培育本土企业。

4. 精心培育物联网企业

扶持重点企业，在申报国家创新基金、信息化专项基金、集成电路专项基金及国家重大产业化项目基金、技改项目基金等方面给予优先支持；加强招商引资，争取更多的传感项目落户杭州；整合扶持资金，集中力量资助技术创新、技术装备更新和技术改造的企业，有效实现扶持目的；引入风险投资，精心培育本土企业，加快中小企业培育和发展。

5. 重视人才引进和培养

把物联网传感技术列入大学生实训课目，在高校中增设相关专业，或成立企业学院，充分运用现有企业资源，从技术研发、科技创新、人才培养等方面加强合作；大力引进物联网技术领军人才和高端人才，鼓励"海归"人才来杭创业；加强物联网产业专业人才培训，将物联网产业人才培养计划纳入杭州人才培养工程。

统筹城乡

乡村避暑度假[1]
—— 构建城乡互补增长机制之一

前些年，入夏后随着气温上升，上海、杭州等城市确是酷暑难熬，不过，杭州周边的临安、建德、淳安等一些小型城镇，因为有山有水，车少人稀，形成了独有的清凉小气候。如地处杭州西郊的天目山，森林覆盖率达到了 99.2%。平均气温 22℃ 以下，素有"大树王国"、"清凉世界"之称，当地有句俗语说："白天不用扇子，晚上不离被子，睡觉没有蚊子"，确实是避暑度假的好去处；建德市寿昌镇境内的绿荷塘森林公园，年平均气温 17.8℃，空气负离子含量 A 级，是个天然氧吧，夏天十分清凉。加上这些地方离城市比较近，来去方便，景区周边农家乐的吃住条件经济实惠，吸引了大批城里老年人下乡避暑度假。

高温的季节，身体较好、退休在家的老年人，不满足于窝在家中，而是走出家门，到适宜消夏的清凉地去逗留一段时间。城里老人乡村避暑度假主要有三种类型，第一种是常住型，一般会住上整个夏天，或每年夏秋两季在乡村住 3 至 4 个月，这种类型占 30% 左右；第二种是候鸟型，短期临时性的，在一个地方住一星期或一、二天就走，这一类型占 50% 左右；第三种称周末型，老人多半和子女在一起，周末期间选择乡村度假，约占 20%。

随着人口老龄化的不断加快，老人的晚年生活质量得到了前所未有的重视。在全国很多城市，老人到农村避暑已成为一种新时尚。

成都老人一到夏天，就成群结队到近郊的青城山、银厂沟、白水河等景区消夏避暑、度假休闲，在农家吃住一天，每人只需 30 元钱，很多老人一住就是 3 个月。尤其是青城山年平均气温只有 16.8℃，负氧离子含量高达 80% 以上，独特的地理和环境条件，使青城山镇的居民普遍高寿，一些老人觉得城里空调吹多了太闷，农村是天然空调，空气又好，避暑的同时可以洗肺。时下，"到青城山洗肺，到农家园养胃"成为成都老人们的热门话题。

---

[1] 本文发表于 2012 年 7 月 23 日《杭州日报》第 06 版《城里老人下乡了 —— 构建城乡互补增长机制（上）》。

北京郊区延庆、密云、房山等地，农家院暑期出租十分火爆，一些老人闲暇之余，与房东一起打理小菜园，享受劳作的乐趣，又锻炼了身体，一举两得，宁静而丰富的乡村生活，让城市银发避暑族心动不已。

哈尔滨的一些银发族，开始了移居乡村的"新移民运动"，他们或租房、或住农家乐，种地、养鸡，怡然自得地当起了"新农民"。农家饭吃起来格外香甜，平时失眠的老毛病也奇迹般地消失了。除了一些长期在农村租房的老人之外，很多农民自办的农家乐也受到欢迎。老人们一般都是夏秋的时候以包月的形式租农家乐避暑，冬春则会回到城市里居住。

无锡每年有大批的老年人奔赴浙江安吉、天目山、长兴等地区，吃住都在农家屋，既可享受天然凉爽的天气，吃到大自然的绿色蔬菜和无公害家禽，还能游览周边风景名胜，在农家一个月包吃包住也就1000多元，他们认为夏天归隐田园，享受山清水秀，是非常惬意的消暑纳凉生活。

而不断到来的城里老年人，给当地的"农家乐"主、村民带来了提高收入的机会。按临安一位"农家乐"主的说法，以避暑时长40天计算，每户农民腾出4间房，一户"农家乐"住10个人，一个旅游季下来，每户农户可收入12000－18000元，甚至更多些。虽然大热天，"农家乐"主们要为避暑老年人的到来忙得团团转，可心里乐滋滋的。用他们的话说，这是在战"双抢"，从前忙"双抢"是种田种地，现在是洗被单、洗菜做饭招待客人，这个季节抓好了，全年土地之外的创收基本就进来了。就拿临安白沙村来说，2011年，白沙村共接待游客26万余人次，其中外宾人数超过5000人，经营性收入达到2300多万元。目前，全村共有"农家乐"经营户140多家，床位近5000张，2/3以上的劳动力投入到了"农家乐"旅游服务中，"农家乐"已成为临安白沙村经济的重要产业。

同样，在成都青城后山红岩村一带，每年一到暑期，上百家"农家乐"几乎天天客满，店主们忙着经营各自的"农家乐"，冬日来临时，店主们多半再进城打工，这样，一年的收入也比较可观。

现在，很多农村的壮劳力都到城里打工，有的在城市购买住房，并举家搬到城里居住，土地闲置、农宅空置现象逐渐增多，城里老人可以租用农民空宅用来避暑度假、或者养老，有兴趣体验乡村生活的话，还可以利用闲置的土地种菜、养鸡等，过一把当"农夫"的瘾呢。

当然，由于老年人的血液循环系统较差，排汗不多，抵抗炎热天气的能力不如年轻人，目前，农村的医疗条件和城市的相比，还是有一定差距的。年龄偏大，身体欠佳，特别是有高血压、心脏病等心脑血管疾病的老年人，不是很适合去乡村避暑度假。

【旋转的思维】

避暑经济，拓宽农民收入的倍增空间[1]

近年来，杭州着力推进新型城市化与新农村建设统筹发展，提升特色优势产业、推进产业梯度转移、推动市县产业联动协调发展，区域发展差距逐步收窄。2011年，农村居民人均纯收入为15245元，在全国副省级城市位居第二。但弥合杭州城乡差距的任务依然艰巨。今年3月初到淳安走村访户后才真切感受到，一些乡村之所以贫穷，是因为交通不方便、人均土地少；有的住在山上，自然条件差；没有其他产业支撑，村集体经济几乎为零，更令人担忧的是，贫困村大部分中青年都外出打工了，老孺妇儿留居在山上，日出而作，日落而息，村民们渴盼改变村庄落后面貌，但依靠乡村自身内源性发展难度很大。如何增强贫困村的经济造血功能？笔者认为关键是要促进要素的流动，避暑经济的兴起，拓宽了农民的收入增长空间，顺势引导，有利于构建城乡互补的增长机制。

城里老人下乡避暑，可以腾出食品供应、住房、公交等大量城市资源，为城市减负。特别对于杭州这样的旅游城市来说，夏天分流一部分人员到乡村，能减少城市热量的排放，暑假又是接纳外地游客的高峰期，分流部分人员实际上是间接为城市创造更多的旅游财富；对老人而言，下乡这种回归田园的避暑方式，有利于提高老年人的物质生活和精神生活以及身体健康，是积极健康老龄化的一个方向，是丰富老年人精神生活的一个有益探索，并且到附近乡村避暑并没有增加很多的开销负担，还能提高老年人的生活品味；对农户来说，可是一个增加收入的好机会，能充分利用当地的自然资源，在家门口同样创造财富。

在全面推进统筹城乡发展过程中，理念和宣传已经深入人心，尚显不足的是可供具体操作的方法设计仍很匮乏，从而影响城乡统筹政策效能的发挥。随着老龄化的到来以及城市土地的集约利用，如果政府能进一步加强对"乡村避暑度假"的管理和服务，在卫生防疫、消防安全、文化娱乐等方面予以突破与完善，使"乡村避暑度假"成为农村建设的新载体、农村产业结构调整的新平台、农村旅游

[1] 本文发表于2012年7月23日《杭州日报》第06版《助力"乡村度假避暑"经济》。

的新亮点，让老年人能够心情舒畅、安心放心地在乡村避暑度假，甚至是安度晚年、愉快养老，有更多的养老院设立在郊县，不也是构筑农民收入倍增、实现城乡统筹发展的"动力源"吗？

农产品直供：农民增收的发动机

—— 构建城乡互补增长机制之二

传统农产品贩运，80％的利润在中间环节。如果绕开农产品供应链中的各级销售环节，直接面向终端消费者，即采取农产品直供的方式，则能减少农产品运转的中间环节，农民更多地分享到农产品产后利润，增加农民的增收空间。一方面，实现农田到餐桌的直接对接，有利于保障农产品的新鲜和营养品质，能让消费者吃上真正新鲜、安全的农产品。另一方面，把农民联合起来闯市场，使农民的组织化程度和市场竞争力得到明显提高，较好地改变了单家独户闯市场的弱势地位，在一定程度上也解决了农产品"卖难"的问题，提高的农产品市场竞争力。因此，作为农民增收的发动机，农产品直供的方式已在国内一些城市初现端倪。

一、杭州春溢联合蔬菜专业合作社向开元酒店启动蔬菜直供

今年7月10日，开元酒店正式启动蔬菜直供的绿色采购方式，杭州春溢联合蔬菜专业合作社将根据开元酒店的订货需求，调整种植结构，做到"酒店需要什么，农民就生产什么。"同时，春溢合作社还将在蔬菜新鲜度上做最大努力，根据酒店厨房的订货，保证24小时之内把蔬菜配送到酒店。

"从今年年初开始，为了保证蔬菜的安全、新鲜、及时供货，开元酒店就提出了蔬菜直供的绿色采购方式的设想，蔬菜基地可实现源头管理，在基地的地域选择、种植管理、施肥杀虫、监控检测、物流配送等方面，对蔬菜进行全过程质量控制。"陈妙强在揭牌仪式上表示，"开元酒店直接从春溢蔬菜基地采购，减少了蔬菜运转的中间环节，更有利于保障蔬菜的新鲜和营养品质。接下来，我们旗下的成员酒店将逐步参加蔬菜直供的绿色采购方式，为倡导绿色消费、促进当地农业发展、推广低碳经济贡献绵薄之力。"

开元酒店之所以选择春溢合作社，源于春溢合作社的竞争实力。成立于2006年的杭州春溢联合蔬菜专业合作社，一是注重与农民的合作。建社初期，21位股东种植几十亩无公害蔬菜，现合作社社员带动周边农民种植面积达7000多亩；二是注重疏通与土地的关系。合作社以700多亩基地为核心，辐射四面八方，吸引众多的农民以土地入股；三是注重市场品牌。合作社设计了自己的"春溢"商标，以品牌理念指导种植和经销；四是注重科技提升。为了达到高效高质的标准，合作社运用先进蔬菜种植技术及良

种，聘请科技人员，保证蔬菜产品的质量和安全。

开元酒店与春溢合作社交流平台的建立，既减少了农产品的流通环节、降低了流通成本，增加了农民的收入，又有利于实现农产品从农田到餐桌的全过程的质量控制。

二、上海多利农庄有效压缩中间环节

上海多利农庄经营之初就确定了"压缩中间环节"的经营原则，他们利用互联网自建渠道，采取了"有机农业＋电子商务＋会员制"的模式，即会员以月、半年或年度为周期预先付费，打包销售。有机蔬菜自田间收获后，绕开供应链上经纪人、各级代理、零售商等四五个环节，直达餐桌。多利农庄目前的销售渠道主要集中于三个方向：一是大型的团购会员单位，比如中欧国际工商学院、宝钢、上海证交所、国家会计学院等大型企事业单位客户；二是以礼品卡或者礼券的方式面向普通市民，通过在高端小区举办互动活动等形式来吸纳新的个体和家庭客户；三是利用官网的电子商务渠道进行直销。在多利农庄的销售总额中，三类渠道分别占据了4：4：2的比例。多利农庄还引入了日本黑猫雅玛多宅急便物流为合作伙伴，配送半径覆盖了半个上海，蔬菜从采摘到最后配送至会员家中，中间过程不超过24小时，并且配送成本只占整个收入的15％－18％。

三、北京新发地组建"绿色车队"将农产品直供社区

北京新发地批发市场担负着全市80％以上的农产品供应，以前，配送蔬菜多是批发市场内商户的自发行为，多使用自购的金杯客车上路运营，不仅无通行证，白天不能进入五环，且载重量有限，既增加了配送成本，又加剧了道路拥堵，造成了环境污染。2011年11月，北京新发地农产品中心开通"城市鲜活农产品绿色车队"，实现批发市场到社区菜市场的直达配送。配送车是符合北京城市标准的厢式货车、冷藏保温车，车辆载重量分为5吨和2.5吨两种，商户可合租厢式货车。直通车从批发市场"一站式"到达中心城区的社区便利店或农贸市场，从而减少了上路车辆、驾驶员人数，提高运输效率和运输质量，有效降低"最后一公里"的配送成本。

以前，农产品主要通过中间商进行销售，产销脱节现象严重，部分经销商只注重获取差价利润，不重视开拓新市场，导致农产品销售量小，市场竞争力弱。农产品通过直供的方式，直接进入市场，在有效降低运销成本的同时，促进了农产品增值，有力地促进了农民收入的快速增长。

【旋转的思维】

直供农产品呼唤农业产业化

农产品直供减少了农产品运转的中间环节，农民能得到更多的实惠，对于实现统筹城乡有积极意义。

农产品是日常生活中不可或缺的，其质量安全性直接影响到人们的身体健康。随着生活水平的不断提升，人们对农产品的品质要求也在不断提高。直供农产品的质量安全如何保证？农产品安全的破题之策要抓住生产和流通两个环节，其中，田间的安全生产尤为重要，不管是上海的多利农庄，还是北京新发地的"绿色车队"，直供农产品的前提是农产品的质量安全，而农产品的质量安全依赖于农业产业化。

因为在家庭联产承包责任制的背景下，无论是耕地数量、生产手段和经营方式，还是生产理念、市场应变能力和综合收益，都还处于比较传统、落后的状态。特别是农民应用农业科技水平差异大，生产过程缺乏监控，农民自律意识淡薄，农产品质量安全一直难以保证。所以，分散经营的农村家庭组织方式，是农产品安全生产时必须面对的不利事实，实现农产品的安全迫切需要推进农业生产产业化，合作社是有效的一种载体，在推进农业产业化过程中发挥着重要作用。

合作社能将一家一户分散经营的农户组织起来，根据市场需求和农民意愿，进行标准化生产，将农产品规模做大、质量做优、品牌做精；并通过各种营销方式，真正实现产、供、销一体化，解决农产品生产与市场脱节的问题，降低市场风险，实现农产品优质优价；合作社能引导农民标准化生产、规范化操作，帮助农民建立起自我约束机制和内部质量监控体系，对各类优质农产品实行档案化、身份化管理，开展质量责任追溯制度，从根本上杜绝农产品的有毒有害物质污染，保障农产品生产安全，有助于品牌农业的发展。

开元酒店从杭州春溢联合蔬菜专业合作社直接采购，也充分说明了春溢合作社的产品质量有保证，而其基本条件是：春溢合作社提出了高产、优质、高效、生态、安全的农业产业化发展目标，致力于推进农产品安全生产长效机制和支撑体系的建设。

兼业：农民增收的有效途径

—— 构建城乡互补增长机制之三

如何缩小城市与农村的差距，让终日劳作而又处境艰辛的农民摆脱贫困，是政府不能忽视而又非常棘手的问题。战后日本农民以兼业的生产方式成功地发展了农业经济，根本改变了农村贫困落后的面貌，迄今不失为统筹城乡比较成功的典范。

日本的农民兼业可分为两类：一类是以务农为主、同时兼营他业，收入以农业收入为主、兼业收入为辅；另一类则是以农外劳动为主、同时兼营农业，非农业收入已经超过了农业收入。上世纪 60 年代，经济高速增长，日本城市工业和服务业劳动力需求旺盛，带动农村剩余劳力大规模转移。1955 年至 1970 年期间，农村共向城市转移 600 余万剩余人口。一开始很多日本人采取"举家离农"的方式迁移到大都市，但随后不久，日本人逐渐意识到，城市生活节奏快、物价飞涨、交通拥挤、住房紧张、空气污浊，远不如住在农村老宅安逸、舒适，更为重要的是转移出来的农民多以出卖体力为主，多数从事"三 K"（危险 kiken，肮脏 kitanai，吃力 kitsui）低级产业的工作，并且职业不固定，收入无保障。这些农外就业风险使部分农民不敢义无反顾地离开乡村，走进城市，促使农民保留土地，以备失业或收入剧烈下降时重操农事。当时的经济背景与日本政府的政策法令，为农民就地兼业提供了可能。

一、农村工业化的推动

相对平衡合理的农村工业化布局，为日本农民的兼业提供了便利的条件。为了促使工业由大都市向地方城市和农村转移，日本将工业过度密集的地区确定为"促进转出地区"，将工业集聚程度较低的地区确定为"诱导地区"，通过政府补贴和政策性融资手段推动工业企业向农村地区转移。从全日本工业产值分布看，1970 年"促进转出地区"占 30.5%，1985 年降至 18.2%；"诱导地区"则从原来的 20.5%增至 27%；从就业人员比重看，"促进转出地区"从 1970 年的 21.6%降至 1985 年的 17.7%，"诱导地区"则从 34.4%增至 37%。随着农村地区企业不断增加，农民有条件农忙时耕作，农闲时做工，逐步形成大规模兼业队伍。据日本经济统计，1960 年，非农业收入平均占农户总收入的 41%，到 1975 年，非农业收入平均占农户总收入已经达到 57.3%，兼业农户的比重超过六成，兼业收入明显超过种植业收入，成为农户最大收入来源。

二、农村交通条件的改善

日本农村交通条件的改善，使农民兼业成为可能。战后日本的交通条件得到了明显的改善，无论是城市还是乡村，公路四通八达，便利的交通使得空间距离感相对缩短，兼业农民可以很方便地到非农产业所在地工作；随着农民收入的不断增加，农民有能力开始购买先进的交通工具。1975 年日本农民家庭的私家小汽车普及率达 57.6%，到 1985 年高达 83.1%，高于全国家庭的平均私家车拥有水平。

三、日本企业的双重结构

在日本，一些跨国公司，拥有现代化的先进设备，员工享有良好的薪水和福利待遇，大公司基本都是实行终身雇佣制，并通过公司内部训练掌握一定的技能和管理经验。为大公司配套服务的中小企业居多，一度占日本企业总数的 99.7%，就业人数占总就业人数的 66.4%，由于中小企业在技术、设备、资金等方面处于劣势，只能以比大公司更低的工资运行求得生存。虽然 60 年代随着日本重化工业的兴起，劳动力需求大增，供求关系有所变化，但中小企业的工资水平仍为大企业的 60%-70%，甚至更低。而农民弃农到城市去务工经商并非就是想象中的鲤鱼跳龙门，若无法进入大公司，只能在中小企业谋生的话，可能还不如务农稳妥。另外，工资福利都不太令人满意的中小企业，为了降价成本，在竞争中站稳脚跟，把兼业农民作为其劳动力的主要构成。这样方便兼业农民上下班，比较灵活的用工制度一方面提升了日本中小企业的竞争力，另一方面也促使农民自然加入到兼业队伍中。

四、政府对中小企业的政策援助

中小企业的生存能力还来自政府的政策援助。日本政府在法律政策方面给予支持，制定《中小企业基本法》《中小企业劳动保护法》等，从法律上确立中小企业的地位，指出他们不是需要扶助的"弱者"，而是让市场充满活力的必要元素；日本政府在金融和财政政策上也给予支持，日本有 5 家专门为中小企业提供服务的金融机构，包括中小企业金融公库、国民金融公库等，因为中小企业只有在资金周转上没有困难，才可能拥有劳动力；日本政府还推出一些促进雇用和培训的政策，日本民间也有许多团体从事人才培训工作，如中小企业政策审议会、中小企业事业团、商工会、中小企业协会等，它们为中小企业提供指导、诊断、人才培训等。近年，厚生劳动省出台了《关于扩充雇用调整促成金以及中小企业紧急雇用安定助成金的办法》，政府对中小企业每个员工培训费用的补贴从 1200 日元提高到 2400 日元。

日本农民兼业有效地调节了农业与非农产业的劳动力供求关系，缓解了社会就业压力；有效地适应经济周期性波动的需要，经济景气时，大批兼业农民进入非农产业，确保经济扩张的需要，而当经济低迷非农产业对劳动力的需求减少时，兼业劳动力又可返回农村；兼业促进了农民收入水平的不断提高，突破了农业收入本身的局限，加速日本农村现代化的实现。更为重要的是：日本农村经济的发展，不是以大量的农民涌入城市，造成城市人口、就业的不堪重负为代价。日本农村已不再是以农业户为主体的自然村落，而是农、工、商并举，城乡结合的"杂居社会"，很自然地弥补了城乡间的沟壑。

【旋转的思维】

发展农村工业：创造与完善农民兼业的条件

提高农民收入，解决农村贫困，促进统筹城乡的途径很多，如提高农产品的收购价格、增加对农业的投资力度、加大对贫困山区农民的迁移等等，但这些方法都需要庞大的财政开支，并且还伴有严重的后遗症，即一旦政府财政支持力度减少，可能会出现返贫现象。而日本农民兼业的生产方式，增强了农民的造血机能和抵御农业风险的能力，促使农民摆脱贫困，走向富裕，使城乡形成良性循环。

农民兼业是日本跳出农业本身，缩小城乡差距的有效做法，对实现统筹城乡发展有颇多启发。

笔者认为，创造与完善农民兼业条件非常重要，当下最关键的是发展农村工业。城乡分割源于长期以来"城市工业、农村农业"的经济社会结构，而农村工业一方面能承接城市工业的辐射和带动，一方面可以向农村和农业辐射，使工业和农业、城市和农村相互影响、相互促进，架起沟通城乡的桥梁。

城市工业的优势是资本和技术力量雄厚，有较高的管理水平，但发展到一定阶段，会遇到土地受限、劳动成本上涨等瓶颈。产量增长、成本降低和市场占有率提高需要靠产品扩散来完成，即把部分工艺、零配件甚至产品交给专业化生产企业。农村工业的优势是地价便宜、劳动力成本低、经营灵活，如果把二者有效地结合起来，优势互补，能大大提高工业的整体素质和企业竞争力。

日本城市工业与农村工业相互配套衔接的产业布局，使城市工业摆脱"小

（大）而全"的运转模式，向农村工业扩散产品。这既有利于城乡工业之间从平面竞争格局转向内部联系更紧密的专业化竞争格局，保证农村工业的活力，又可保持甚至增强对农业剩余劳动力的吸纳能力。

推进城乡区域民生保障一体化[1]

社会保障作为国民收入分配与再分配的一系列政策制度，具有保障城乡居民生活、调节收入分配差距、促进经济增长和维护社会稳定的重要作用。

近年来，杭州市委市政府坚持"以人为本、以民为先"的执政理念，贯彻落实科学发展观，以"人人享有社会保障"为目标，以统筹城乡发展为指导，不断加大对民生保障事业的政策扶持力度，完善全民共享的社会保障体系，在全国率先建立起了低水平、广覆盖、有保障的新型农村合作医疗保障制度和农村社会养老保障制度。

一、杭州推进城乡保障一体化的成效

为了解决我市农村居民养老保障问题，杭州市委、市政府采取了一系列切实可行的政策措施。自 2008 年年初起，杭州正式实施《杭州市基本养老保障办法》，该《办法》按照"城乡统筹、全民覆盖、一视同仁、分类享受"的思路，建立起了一个不留空白的基本养老保障体系。《办法》规定：参保对象为本市农业户籍，年满 16 周岁未满 60 周岁，从事农业生产且未参加职工基本养老保险、征地农转非人员社会保障的人员；缴费基数按统筹地区上年度农村居民月人均纯收入的 100% 确定，个人缴费比例为 15%，财政补贴比例为 5%；参保人员年满 60 周岁，缴费年限满 15 年的可按月领取养老金。这样，从制度上解决了全市人民特别是困难群众、弱势群体"老有所养"的问题。

为了破解农民看病难、看病贵，消除农民因病致贫和因病返贫的难题，自 2003 年起，杭州市委、市政府大力推进新型农村合作医疗建设。新型农村合作医疗制度是由政府组织、引导、支持，农民自愿参加，个人、集体和政府多方筹资，以大病统筹为主的农民医疗互助共济制度。它在保障对象、统筹层次、筹资与补偿方式，特别是政府作用方面有所创新，具有较多的社会医疗保险的性质，这也是城乡卫生资源和利益关系的一次重大调整。到 2006 年，全市新型农村合作医疗乡镇 / 街道覆盖率已达到 100%，农民参合率达到 95%，人均筹资额达到上年农民人均纯收入的 1.3%。全市各区（县、市）基本建立了新型农村合作医疗信息管理网络，并建立起统一的基本医疗保障管理体制。

在社会救助方面，2000 年以来，杭州市委、市政府先后出台了一系列有关低保的政策，低保制度逐渐完善，分层救助方式日益健全，低保管理和服务水平不断提高。杭

---

[1] 本文发表于 2010 年 12 月 30 日《杭州日报》第 B11 版《推进城乡区域民生保障一体化》。

州建立了县（市、区）、乡镇／街道、村／社区的三级救助圈，对困难群众实行分层帮扶救助。同时对"救助圈"以外的边缘困难群体实施临时性帮扶，将救助的"夹心层"纳入了政府保障范围。杭州市出台了"春风行动"助学援助管理办法，对市区人均收入在低保标准1.2倍以下子女就读全日制普通高校的家庭实施专项助学援助；杭州市在对城镇困难家庭实施廉租住房政策的同时，将住房救助政策延伸到农村。为保障城乡低保对象的生活，杭州市逐步提高城乡居民的最低生活保障标准，并结合当地的物价水平，做好对低保户的物价补贴发放工作。

杭州在城乡社会保障体系的建设方面进展迅速，但同时，由于长期受到城乡二元结构的影响，农村社会保障发展滞后，历史欠账太多，尤其是筹资压力较大。

城乡分离的二元社会保障不仅无法为农民提供必要的基本生活保障，使农民在集体保障、家庭保障、土地保障等传统方式的保障功能逐步削弱的情况下面临着"保障真空"的危险；也无法保障随着工业化和城市化的推进而大量出现的农村企业职工、失地农民和进城务工、经商的农民，进而成为影响城乡劳动力自由流动、合理配置的重要障碍。因此，统筹杭州城乡社会保障，弥合二元结构，建立城乡一体化的社会保障体系势在必行。

二、杭州推进城乡保障一体化的路径

建立城乡一体化的社会保障体系，是杭州改革发展和社会进步的方向，但建立和完善城乡一体的社会保障体系，不是一蹴而就的事情，而是一项长期系统工程，除了改革和完善社会保障制度，还牵涉到其他各方面，如农村基础设施建设、城乡管理、文化教育、土地流转、法律法规等。因而，推进城乡社会保障一体化，必须立足当前，着眼于长远，充分考虑不同层次人群对社会保障的需求、参保缴费的承受能力、各区县财力增长幅度等因素，逐步推进城乡一体化社会保障体系的建设。

1．建立城乡统一的社会保障管理体制

一是增强社会保障的法律效力，完备的社会保障立法体系由社会保障基本法、社会保险法、社会救济法、社会福利法、社会优抚安置法以及社会保障争议法组成。二是加强对社会保障基金的管理和监督，实现社会保障基金的保值和增值。保障基金由征收征缴、入库管理、发放运营、社会监督等四个基本环节组成，不同的环节应当由不同的部门来负责，避免机构重叠、责任不明的局面。三是建立全市联网的社会保障信息管理系统。随着社会保障覆盖范围的扩大和保障水平的提高，需要建立全市统一的社会保障信息管理平台。充分发挥信息资源的整体效益，实现资源共享；加强对社会保障人才队伍的建设，开展业务知识培训，不断适应社会保障的发展需求。

2. 建立社会保障一体化的增长机制

近年来，杭州财政收入有了大幅度的增长，从 2000 年的 142.85 亿元提高到 2009 年的 1019.43 亿元，财政收入的增长为我市农村社会保障事业的发展奠定了强大的经济基础。但随着城乡社会保障覆盖面的扩大和保障水平的提高，导致政府在社会保障财政支出压力的增大，加上政府长期受 GDP 导向的政绩考核体系的影响，对农村社会保障等民生事业发展心有余而力不足，致使部分农民认为存在"救助面太窄"、"保障水平太低"等问题。社会保障是准公共产品，作为一种福利制度，它与受益人有直接的联系，但社会保障不同于商业保险，保障的重点在于社会的弱势群体最基本的生活需求，因此对于这部分人的未来的生活能不能给予必要的保障，它不仅仅是受益人自身的问题，也反映了一个社会文明的程度，反映了这部分群体生活保障与社会平稳发展的联系。在这个意义上说，社会保障应该有政府来参与，通过财政向社会保障制度提供必要的资金支持。

在社会保障制度的安排中，由于基金积累与基金分配之间有时会产生一些矛盾或者出现不平衡的现象，比如人口老龄化、快速城市化等原因都会引起原有的社保基金难以支撑整个社会保障制度发展的需要。解决这些矛盾可以通过社会保障基金投资所产生的收益来弥补，但不足部分只能靠政府的财政给予解决。因此，在明确政府财政对社会保障的责任和落实的同时，还应当利用好财政增量，形成固定的存在拨款增长机制。

3. 推进户籍制度改革，实现自由迁徙

我国二元社会保障体系的存在和持续有一定的特殊性，它是在城乡二元分割的社会结构下，由于户籍制度的隔离作用而形成了城乡分离的社会保障制度。再加上近年来，各级政府在制定和执行各项政策时采取明显的城市偏向导向，使得长期以来在财政上对农村社会保障供给不足。如因为受户籍的限制，农民进城后还是农民，享受不到城市人的待遇和社会保障。推进城乡保障一体化，首先要下决心改革户籍制度，改变以往城乡隔离、市民与农民区别对待的体制，建立城乡一体的户籍管理制度。从根本上消除附加在户口上的城乡居民的社会福利和待遇的种种差别，平等对待进城落户的新居民与原城镇居民的权利和义务，逐步实现人口的自由迁徙，实现资源在城乡之间的流动和自由配置。

今年 11 月，成都市正式出台《关于全域成都城乡统一户籍实现居民自由迁徙的意见》，2012年，成都将实现全域成都统一户籍，实现户口登记地与实际居住地的一致。城乡居民凭合法固定住所证明进行户口登记，户口随居住地变动而变动；农民进城不以放弃农村宅基地使用权、土地承包经营权、林地承包经营权等原有利益为代价，农民的各项权益不因居住地的迁徙、职业的改变而受到侵害。杭州可借鉴成都的做法，破除了长期附着在户籍上的城乡权利不平等，实现统一户籍背景下享有平等的教育、住房、社保等基本公共服务和社会福利。

4. 建立多元化的社会保障筹资渠道

资金是推进城乡保障一体化的核心问题，特别是农村社会保障体系的构建。造成杭州保障资金缺口大的原因是：农村社会保障基础薄弱，政府投入虽有增加仍然供不应求；分税制体制下县乡基层政府普遍财力不足；社会筹资困难，渠道不足，集体经济发展不平衡；大多数农户家庭现金收入有限，对参保认识不足等。目前，政府财政投入主要针对救灾、特困户生活救济和优抚补助群体。由于农村人口多，单纯依靠政府财政来完善社会保障工作，推进速度与现实需求显然不合拍，这就要求广拓渠道，以多元化的方式筹措社会保障资金。如解决农村社会保障资金问题，可以通过相应的政策强化农村集体对社会保障资金的投入；可以采取政府积极引导与农民自愿相结合的做法，在一定范围内推行强制性养老保险和养老储蓄；也可以建立个人账户，不论集体补助多少或有无补助，其连同个人缴费全部记在个人名下，属个人所有，让农民既有安全感又有自主感，从而充分调动广大农民参加社会保障的积极性，建立起国家、单位（村集体）和个人共同负担的筹资模式。还可以充分发挥民间组织和慈善机构的作用，为城乡社会保障筹集更多的资金。同时，实施积极的就业政策，扩大就业是缓解社会保障压力的重要途径，也是推进城乡保障一体化的重要方法。杭州城乡经济一体化为促进就业提供了广阔的环境，以此为契机，统筹城乡就业政策和就业培训体系，将城乡各行各业的就业群体纳入社会保障的覆盖范围。

5. 增强农民的自我保障意识和参保积极性

随着杭州经济的快速发展，我市农民的收入水平也不断提高。农民人均纯收入从2000年的4496元提高到2009年的11822元。但是，由于杭州农村地区间发展不平衡，农民贫富差距拉大，社会保障需求不平衡，导致部分农民个人筹资相当困难，参保意识不高。也有一部分农民没有真正意识到参保的好处，从根本上讲，如果农民不能感受到参保对自己有利，决不会由衷地参与和拥护。因此，应结合杭州各区县农村家庭不同的实际情况，充分利用广播、电视、报刊、黑板报、专栏、文艺演出等，采取通俗易懂、生动活泼、喜闻乐见的各种形式，广泛宣传农民社会保障制度的内容、作用和参保的好处，耐心细致地做好农民的解疑释惑工作，如解释参保缴费与缴纳各种集资费用在性质上的区别，使农民了解缴纳保险金的预期收益，做到家喻户晓、深入人心，增强农民的自我保障意识和参保积极性。鼓励商业保险公司积极发展"农保"业务，政府给予政策扶持和税收减免，促使富裕起来的、自我保障意识较强的农民先参保，起到较好的示范作用，带动其他农民在条件许可的情况下积极参保。

城乡统一的社会保障制度必须有层次、分阶段逐步进行，短期内不可能把农村的社会保障水平提高到与城市相同。统筹城乡社会保障还有待相应的配套改革予以保证和支持，如建立城乡发展的互补机制；设计切实可行的土地流转制度；消除城乡劳动力结构性转移的体制性障碍等。杭州处于经济、社会结构的转型时期，推进城乡区域民生保障一体化、建立健全社会保障体系正是杭州人民的所思所盼。

以民为本

倾听民声　汇集民智[1]

—— 聚焦杭州市《政府工作报告》和计划、财政报告
网上公示征求市民意见之一

政府工作报告既是政府对上一年度自身工作的总结，也是向市民报告城市社会经济等方面的运行与发展情况，还将明确新一年的工作计划与承诺。早在2008年，杭州市政府曾在"两会"前首次将《政府工作报告》向社会公示，收到各类意见938人次（件），最后68条意见被直接吸收写进政府工作报告。蔡奇市长说，政府是为纳税人服务的机构，老百姓不仅有权知道政府在做什么，同样有权参与决定政府干什么。政府开放式决策要继续深化，杭州市《政府工作报告》在提交"两会"审议前公示，就是要将老百姓的呼声和愿望作为政府工作的着力点，让老百姓参与决定政府今年要干什么，为民办哪些实事，纳税人的钱将怎么花，又将启动和实施哪些涉及经济社会发展的重大项目。市民不但可以了解、监督、批评政府的行为，而且在决策前就有权参与提出意见、表达诉求，从而有利于公共政策更能统筹兼顾各方利益，更加公开、公平、公正，"让民意领跑政府"。以下是从杭州市政府网站上选择的部分意见和建议。

一、市民关注重点之一：城建和管理

网友"海鲜大餐"说，全面推进钱江新城58个项目、15个公建配套建设，同时加强综合管理，用好新城资产。我家就在钱江新城旁边，看着越来越漂亮，越来越繁华的钱江新城，真是太开心了，同时，他对杭州城市管理方面发表了一些看法。

网友"大校"认为，杭州公交票价居高，希望向北京市学习降低公交票价，引导更多人乘坐公共交通。

网友"xdjhe@sina.com"说，去年杭州推出的公共自行车真的为老百姓做了件很棒的实事，既方便了市民，又能解决部分就业问题，听说还能实现盈利，可谓多赢。不过

[1] 本文发表于2009年2月5日《杭州日报》第B05版《倾听民声　汇集民智——聚焦杭州市〈政府工作报告〉和计划、财政报告网上公示征求市民意见之一》。

有些具体的细节还是要完善的，比如租车还车的便捷性、租车点的合理性等。经常听说租车还车出故障和租车点分布不规律等。建议政府在设置租车点方面多听取市民意见。

网民对保护环境反响热烈，多数网友认为杭州很美，环境很好，建议加大打造最清洁城市力度；部分网友希望杭州的空气质量和水环境能进一步优化。

另外，一些网友还提醒政府城市管理要关注细节。"御剑江湖"提到一个现象，现在马路上"黑心钉"不少，大家都知道是补胎者所为，但是也拿他们没办法，但这种行为与文明杭州绝不相符，希望政府能关注类似的小事。

二、市民关注重点之二："三农"和城乡统筹

建议政府加大对"三农"的投入，增加农民收入。

为了扶持贫困乡镇建设，带动乡村发展，杭州市政府从2007年开始，准备用4年时间，组织100个以上由党政领导、机关部门、企事业单位等组成的集团，联系100个以上乡镇，动员1000家以上企业，结对1000个以上行政村，通过"联乡结村"的方式，有力推进新农村建设。

网民"nongmin"说，"联乡结村"活动不错，在增加对农村的投入的同时，更应该鼓励企业，到农村投资办厂。有了好企业，农民就可以在家门口上班，在增加收入的同时还可以搞好农业生产。

网民"被放大的洋娃娃"表示，对于着力推进城乡统筹发展这一目标，我们百姓也确实感受到了一些实惠，比如，杭州市全面执行市话标准、公交线路的延伸拓展……作为杭州非城市户口打工者，我想知道的是，2009年政府的进一步举措是什么？

网民"hjm"说，外来务工人员子女的就学入托问题，是个热点问题，今后如何更好地解决此类问题？

缩小与发达城市的差距，早日完善城乡统筹制度，寄托着多少人的热切期待。

网民"propose2009"用一篇千余字的文章，表达了要特别关注五县（市），促进城乡区域统筹发展的看法。

三、市民关注重点之三：就业和创业

网民"我爱筋斗云"说，大学毕业生就业一直是个比较让人困惑的问题，在这样严峻的就业环境下，有的大学生压力是非常大的，之前在杭州举行的一场大学生专场招聘会火暴的场面就显示了这个问题。对此，政府有什么相关政策吗？

近年来，杭州不断健全大学毕业生创业服务体系，建立了创业咨询服务网络，收集、发布个人创业项目指南，制定扶持大中专学生创业的优惠政策，在工商登记、税收、银行贷款、人事和劳动保障等方面提供了系列创业服务。

网民"哇西油条"说，2009年的经济发展不易，希望《鼓励和扶持大学生创业的若干意见》能真正发挥作用，让大学生创业者在夹缝中得到发展，推动经济发展。

网民"创业"认为，不仅要有政策上的扶持，还要有资金方面的扶持，以实际行动鼓励和扶持大学生在杭自主创业！

网民"绿茶笑"对于创业环境有自己的看法，他说，优化创业环境，就要将繁琐的手续简化，加强各个部门有效沟通，不要每次去相关部门办事，工作人员都爱理不理的，问十句回一句。那些工作人员是政府部门和百姓之间沟通的桥梁，态度好不好不仅影响做事效率，也影响政府公信力。

四、市民关注重点之四：增强生活保障

金融危机寒流袭来，生活保障成为关注焦点。

网民"yyfn"说，今天从报纸上看到春节前后杭州要发1亿元消费券了，从中小学生到退休工人都有，很实在的措施，支持！

网民"王大哥"也说，市委、市政府决定给老人们发放消费券，一公园的老人们奔走相告，都在感谢党，感谢人民政府。

杭州市委、市政府早在2000年底开始发起以"社会各界送温暖，困难群众沐春风"为主题的"春风行动"，至今已连续搞了9年，在构建和谐杭州，打造与世界名城相媲美的"生活品质之城"中，发挥了不可替代的重要作用。

网民"温暖牌围巾"建议，国家应对目前金融危机其中一条就是扩大内需，但这就需要老百姓有一定的经济能力，在这个关键时期，是不是应该给老百姓涨一涨工资啊。

网民"2828"说，我们老百姓，促进消费，毕竟是有限的，在很多社会保障问题没有让人感到很踏实的时候，谁敢大手大脚去花钱？建议政府在决策的时候，要更多关注老百姓的生活保障，大家心里有底了，才会去消费。

不让老百姓的意见白提[1]

—— 聚焦杭州市《政府工作报告》和计划、财政报告
网上公示征求市民意见之二

自 2009 年 1 月 14 日杭州市《政府工作报告》《计划报告》《财政报告》（征求意见稿）同时在"中国杭州"网站与"杭州网"公示以来，截至 1 月 21 日 12：00，点击浏览高达 16 万人次，有 1400 多人次在论坛发表意见和建议，有 304 人发邮件。有的网友对政府工作提出了宝贵的意见和建议，有的对政府工作做出了中肯的评价，有的对政府工作提出了疑问，希望政府能够解释说明。

征求意见稿	点击浏览（人次）	意见建议（条）	发帖或发邮件（封）
《政府工作报告》	70923	1147	295
《计划报告》	50670	156	6
《财政报告》	39320	146	3

杭州市政府对本次社会公示中网民意见十分重视，马上分批把意见分解交办各相关部门，各部门认真研究吸收网民意见，随即形成了相应的反馈意见。哪些意见已获得采纳，并最终促成了报告的修改；哪些意见虽未获得采纳，但具有重要的参考价值，相关部门将在未来的某个时段予以解决；还有哪些意见目前未被采纳将来也不会被采纳，其理由又何在，杭州市政府的各个相关部门都一一作了回应，并在网上向社会公布，接受市民监督，进一步听取市民意见。

民意的及时反映和有效回应，正成为杭州市政府的一种工作常态方式。杭州三大报告的公示和意见反馈最终圆满收场，广大网民的意见，既用于了三大报告的进一步修改完善，又促进了政府部门的工作。回应民意无疑具有鲜明的社会标本意义，它凸显了民意与杭州市政府的公共决策已经产生良性互动，并促使民意成为影响杭州城市公共决策的一支重要力量。

1. 回应民意才能赢得民心

来自公民、媒体或特定利益者的意见表达，给决策者提供了多种被扩展了的观察视角。有些意见可能不被采纳，但需要有关部门对集中的意见进行公开的答复，让意见表达者知道自己的意见已经得到了尊重，这就是回应民意的做法。卢梭有个著名的观点，

---

[1] 本文发表于 2009 年 2 月 12 日《杭州日报》第 B06 版《民有所呼 必有所应 —— 聚焦杭州市〈政府工作报告〉和计划、财政报告网上公示征求市民意见之二》。

即认为"民意是社会舆论的最大公约数",即民意是主流社会民众的意见,也就是占多数民众所持的意见。回应民意实际上是在官民之间建立了一个互动互信的平台,是政府征求民意能够获得成功的关键。没有互动的征求意见和回应民意,仅是单方操作、暗箱操作的话,除了打击公众参与的信心之外,也很难起到积极的作用。也只有在征求民意后,认真对待民意,积极回应民意,尊重民意,才能汲取民众的智慧,政府的决策才能真正"代表最广大人民群众的根本利益"。

2. 回应民意才能化解民怨

美国法理学家德沃金认为,"政府应当给予其治下的所有公民以平等的关切。"这种关切首先应表现在对普通公民尤其是弱势群体意见表达的尊重与回应上。由于民意表达分散,难免会有情绪化、偏激甚至是反社会的一面。如果对民意表达一味求全责备,不分青红皂白地漠视打压,反倒会激化矛盾,使政府的公共政策难以实施和完善。实事求是地说,社会问题千头万绪,有的容易解决,有的难以解决,如果漠视民意,躲闪质询,反而容易积累矛盾和制造风险,政府一时解决不了的,应据实向公众做出交代,只有透明、公开、理性、合法的行为,才能取得公众的信任,才能实现政令畅通、服务人民的目标。杭州市政府充分重视回应民意对巩固党的执政地位、扩大政治影响力的重要作用,并将整合的民意通过正式的途径引入体制内,最低限度地减少矛盾凸现期造成的政治压力和社会震荡。公民的政治参与和政府的回应民意,不单纯是政治权利的体现,更重要的是它能化解民怨,对经济发展和社会稳定都具有重大意义。

3. 回应民意才是体现民主

现代政治文明以民主政治来消解矛盾和冲突,追求社会稳定与和谐。十七大报告强调:从各个层次、各个领域扩大公民有序政治参与,最广泛地动员和组织人民依法管理国家事务和社会事务。对于一个把执政为民作为治国理念的现代执政党来说,高度尊重民意乃是执政为民的基本前提,是社会进步和政治文明发展的一个重要表现。杭州市民对"三大报告"高度关注、民意表达的空前高涨是改革开放及其所带来的社会巨大进步的必然,是杭州政治民主化程度提高的重要标志,这种变化是社会转型以及政府改革的结果。当前,杭州正由经济建设型政府向公共服务型政府转变,服务型政府模式深入人心,这使得杭州人的政治参与积极性、主动性得到焕发。杭州市政府则主动铺设渠道、广开言路、倾听民意,虚心听取反对的意见,让不同利益群体都有自己的声音,及时回应民意表达的诉求。使政策与民意进行全面有效沟通。

体察民情、倾听民声、尊重民意、保护民权、关注民生,才能真正赢得民心,这样的理念和做法，才是对民意的最大尊重与保护。今天，从廉租房分配方案到水价调整听证，从垃圾厂建在哪到城市噪音整治，政府在很多领域的一纸决策往往影响百万居民的切身利益，事关自身利益谁都想"多言几句"，在杭州，老百姓这样的言语已经不再成为自言自语了，市政府倾听民声、回应民意的制度安排，会使得每个决策者都必须俯下身来倾听这些宝贵的"决策依据"，因为蔡奇市长说过："让老百姓知道我提的意见没有白提。"

改善民生：众望所归的执政理念转换

"保障和改善民生"是当前人们关注的亮点，十七届五中全会，将"保障和改善民生"提到了前所未有的高度，昭示着我们党执政理念的重新转换。

一、社会福利是人类文明的体现

社会福利源于早期人们人道济贫救急自发的一种活动。早在 1883 年，德国宰相俾斯麦颁布了《疾病保险法》，《疾病保险法》后来被认为是现代社会福利制度产生的标志；1948 年 12 月 10 日，联合国大会通过的《世界人权宣言》第 22 条规定："每个人，作为社会的一员，有权享受社会保障"；1966 年，联合国大会通过的《经济、社会和文化权利国际公约》第 9 条规定："本公约缔约各国承认人人有权享受社会保障，包括社会保险。"

时至今日，社会保障（又称社会福利）是国际社会普遍认为的公民的一项基本权利，政府与公民之间形成了一种对等义务关系：政府可以强制要求所有的公民必须尽自己的义务，如必须按规定缴纳税金、参加政府组织的社会保险等；从另一方面，政府利用财政资源向公民提供医疗、教育、养老、住房、失业保障等社会福利。社会福利逐渐成为受到法律保护的公民权，所有的公民都可以享受。

因此，"从摇篮到坟墓"的社会福利安排，一直被看作是人类文明、社会进步的重要标志。

二、福利歧视是社会制度的扭曲

我国自新中国成立后，50 年代开始逐步建立起社会保障体系，但当时的社会保障体系存在着严重的福利歧视，最突出的是城乡有差别的福利制度，社会福利的发放主要面向城市公民。

到 80 年代，由于国家福利支出大幅增加，福利供应效率低下，政府被迫进行福利改革。可经过改革后的国有企业，其社会福利责任降低，政府财政负担减少了，却没有根本改变社会福利的不公平状况，反而使得社会福利的覆盖面缩小了，享受福利待遇的人群更加集中，进而扩大了社会贫富、城乡收入的差距。

90 年代中期以来，随着国有企业改革深化、新住房制度的实行，以及与此相配套的新的社会保障体系的建立，逐步演变为一种社会化、货币化的新福利和保障形式，即以基本养老保险、失业保险、基本医疗保险和城镇居民最低生活保障为主要内容的社会福利保障体系。由于社会制度的扭曲，绝大多数外来农民工至今无法获得这些福利，农民工福利收入的缺失和城市职工隐蔽型福利收入的存在，导致两大就业群体实际收入差别远远大于货币工资的差别。

福利权不属于公民生命、自由、财产在内的第一性的权利，却涉及公民与政府权责是否合理以及再分配是否正义的问题。

三、社会福利是经济发展的基石

经济发展的终极目的是增进社会福利、消费，提高人们的生活水平。反过来，通过增加社会福利对经济发展又有一定的促进作用。保障和改善民生的政策倾向对当今我国的经济发展具有重要的意义。

改革开放以来，我国取得了举世瞩目的成就，但一直以经济建设为中心，实施赶超的发展战略，GDP 增长不自觉就成为政府部门的至上目标。相应地，政绩的考核指标主要集中于经济性指标，"效率优先、兼顾公平"的指导原则在实际工作中变成了"效率优先、难顾公平"或"只顾效率、不顾公平"。由于在社会保障、公共卫生和医疗等方面的社会性指标没有提出数量化的要求，使得社会发展指标远远落后于经济增长指标。在社会保障制度不健全的现实情况下，人们要防备失业、疾病，并为晚年生活做好准备，只能抑制消费，增加储蓄，这样导致我国消费开支对 GDP 的贡献率一直呈下降趋势。内需不振又直接造成我国过分依赖外部市场，降低了我国的经济安全性和长远发展的潜力，甚至可能影响社会的稳定。在很多发达国家，由于失业保险、医疗保险和养老金等社会保障制度完备，人们能放心地将其收入用于消费，在一个经济体内，生产与消费能够良性循环。所以说，社会保障制度的完善是振兴消费的前提条件，也是一个国家经济发展的基石。

四、改善民生是人们多年的期盼

我国收入分配失衡也充分显现出来。

1. 政府积累财富的比重越来越大而个人收入占比越来越小

据国家统计局的数据表明，从 2002—2009 年，国家财政收入增长了 3.5 倍；GDP 增加了 2.78 倍（如表 1 所示）；与此同时，居民财富增长情况（如表 2）显示：农村居民的人均收入增幅为 2.08 倍；城镇居民的人均收入增加了 2.23 倍。

下列两组数据，其实印证了我国当前"国富民穷"的现实。

表1　国家财富与经济总量的增长

	国家财政收入	中国GDP
2002年	1.89万亿	12.03万亿
2009年	6.62万亿	33.53万亿
增幅	350%	278%

表2　居民财富的增长

	农村居民人均收入	城镇居民人均收入
2002年	2475元	7702元
2009年	5153元	17175元
增幅	208%	223%

2. 财富向少数人集中

全国总工会 2010 年 4 月发布的一个调研显示，我国的国民收入分配格局中劳动者报酬占 GDP 的比重不断下降，而资本所有者和政府占比却大幅提高。从 1997 年到 2007 年，劳动者报酬占 GDP 的比重从 53.4% 下降到 39.74%；企业盈余占 GDP 比重从 21.23% 上升到 31.29%，而发达国家，劳动者报酬占 GDP 的比重大多在 50% 以上。

3. 城乡收入差距不断拉大

我国城乡人均收入差距之比已从改革开放初期的 1.8：1 扩大到 2007 年的 3.33：1。农村社保、医保普及面小、福利低，长期在城市的农民工也同样得不到同工同等的社保和医保。

4. 权力资本的暴利在扩大

由于我国对权力没有形成有效约束，贪污受贿几千万乃至上亿的官员呈增长之势。不少官员通过审批项目、提拔大举敛财，或在各类企业中拥有干股分红，却使遵纪守法的企业举步维艰，迫使社会整体运行的效率降低。

在十七届五中全会报告里，中央高度重视保障和改善民生，并且把保障和改善民生作为加快转变经济发展方式的根本出发点和落脚点。在快速发展的今天，改善民生是众望所归。

呼唤社会公德

西方有一句谚语：三年可造就一个富翁，三代才能培养出一名绅士（贵族），所谓的绅士（贵族）必备三要素，即：社会责任、平民心态和为社会勇于牺牲的风范，由此可见人的素质、学识、涵养、品德的培养与提升有多难。去过日本的人，都非常羡慕日本井然有序的城市交通，其实，日本人文明习惯的培养，同样经历了上百年的历程。明治三十三、三十四年，日本就开始提倡和讨论社会公德，公德观念得到社会各界、各方人士，包括保守派、西化派、国家主义者、自由主义者的共同支持。日本所倡导的"公德"其核心有两点：一是个人在公共场所和对集体利益应有之行为，另一则是对社会生活中的其他人主要是陌生人应有的态度与举止。公德观念的社会伦理意味深厚，当今，公德意识已成为日本人极其重要的行为规范准则。

中国改革开放三十多年来，物质生活水平有了极大的提高，但社会公共秩序意识还是比较缺乏与薄弱，而现实又不允许我们像西方、日本那样，花上百年、甚至几百年的时间来修复与提升，否则，中国不断累积的物质文明与社会公德（精神文明）岂不背离太远？

人们都知道汽车的出现与使用是人类文明进步的象征，汽车在给人们带来诸多便利的同时，还改变着人们的生存方式和生活习惯，以至于现今人们越来越离不开汽车。但与此同时，汽车文化与社会公德意识必须协调一致，谦让、遵守交通规则、文明开车应该是每个驾驶者起码的素养，遗憾的是：行车事故层出不穷，伤亡人数越来越多，已成为现代社会的一大公害。

城市的管理者们也是用心良苦、想尽心机。如杭州市文明办、杭州市交警支队曾倡导"请让行爱心手势"——竖大拇指活动。竖起大拇指手势，由竖起的大拇指和象征斑马线的四个手指组成，大拇指代表行人，既表示让行，又表示感谢，在杭州大规模推广；使用"谦让牌"；增添了"爱心斑马线"等等。执法部门经常进行一些集中整治活动，处于"高压"态势，情况有所好转，一旦放松后，如同"一阵风"，又会恢复原状，难以保持长久的整治效果。违反交通法规的驾驶员、行人、骑车者依然很多，而且面广量大，法不责众，一些人根本没有意识到自己的行为已经"违法"了，往往不以为然，自律意识较差。

要解决交通这一难题，一方面要靠城市规划、建设、管理水平的提高来实现，更重要的是市民素质的提升。作为社会的一员，城市的一分子，需要讲究社会公德，自觉维护公共秩序。

对于城市市民，需要严格管理，发达国家的交通法规对无证驾驶、超速行驶、闯红灯、酒后开车、违章停车等行为的处罚相当严厉。只有通过法来整治交通顽疾，形成真正的长效机制。香港、新加坡均是凭借法律的威慑力来促进人们改变生活陋习，达到城市有效管理的目的。

对于学生和部分农民工，则以教育、帮助适应为主，以往在学校和家庭教育中，可能过多地重视"智育"的提升，忽视应有的"公德"培养。今后可以在学校、社区、市民学校多开设有关交通文明的讲座，扩大宣传力度，加速提升社会公德，维护城市形象。

斑马线前的公交文明[1]

最近，杭州公交车途经斑马线，只要有人准备横穿马路，几乎所有的公交司机都会主动停下来，示意行人先过斑马线，或做手势，或微笑示意。

网民"凭栏听雨"显得有点兴奋，"杭州公交车司机斑马线前几乎都礼让行人，我很感动，以前过马路总有点慌兮兮的，现在呢，只要看到是公交车驶过来，竟然有了种安全感哦！"

网民"飞天猪"也有同感，"我也碰到几次了，每次都有些受宠若惊的感觉！突然觉得杭州公交司机也很可爱"。

笔者特意观察了几天，7月29日上午8：00，文二路浙江省国家安全厅门口，有两人欲穿行斑马线，正行驶的K86路公交车马上停下来；8：15，在莫干山路临近省京剧团门口，正值早高峰，穿越斑马线的行人也熙熙攘攘，K1路公交车司机非常耐心地等待行人一一通过；7月31日上午7：30，文一路浙江财经学院门口，面对欲穿越斑马线的行人，B2主动停下让行；7：55，莫干山路浙江邮政大楼门口，公交B1支线的司机看到行人迅速停了下来。

"车让行人"在国外的马路上不是什么稀奇事体，但在人车互动性很强的中国城市，还极为鲜见。前段时间，兰州74岁老人阎政平用砖块砸车这种激烈的方式表达对违法司机漠视行人生命权的极度不满。人们给予了极大的关注，实际上透视出人们关注斑马线上行人的安全。

斑马线前礼让，为什么杭州公交能率先垂范？带着疑问，笔者走访了杭州市公交集团。据公交集团分管安全的卢副总经理介绍，早在2007年，"斑马线前礼让行人"就被杭州公交集团明确列入了公交安全营运"五大规范"之中。近年来，杭州市公交集团积极响应市文明委号召，广泛开展"文明从脚下起步"、"敬畏生命"等宣传教育活动，深化拓展"文明出行爱心承诺"、"让座星期一、礼让每一天"主题教育实践活动，继续做好斑马线前礼让行人工作，顺应市民的愿望和要求，扎实全面推进文明行车、安全行车等各项工作。尤其是斑马线前必须礼让行人这一条，杭州公交集团在给司机立下了规定的同时，也推出了相应的监督措施。

公交集团增加了人力成本，派出暗探蹲守在不同的斑马线附近，记录下那些不给斑马线上的行人让路的急性子班车，然后汇报给组织，作出相应处罚。如果不停让行人的

[1] 本文发表于2009年10月22日《杭州日报》第A15版《杭州公交为什么能做到斑马线前让行》。

话，要扣钱扣点，300块的安全奖扣掉，年度考核积分扣3分，车队罚款100元！过路口车速快的，不减速、刹车灯不亮的，扣3分，车队罚款100元。

公交集团还推出了"文明礼让示范公交"线路，2009年初，杭城首条"文明礼让示范公交"线路——11路亮相，掀起了一阵"文明礼让"之风。现在，11路七车队办公室一套"斑马线前文明礼让"的操作方法贴在墙上，非常显眼。"经过斑马线，先松掉油门，然后脚踩刹车，减速通过。如果有行人在穿行，必须停车。如果有个别行人闯红灯违章通行，仍要让行，在条件允许的前提下，减速通过……"。

公交司机们有些什么想法呢？8月2日下午，笔者和驾驶8-4018型号804线路的袁司机作了交谈，4年前袁司机从河南来到杭州，如愿成为一名公交司机。袁司机认为："斑马线前让行人，将心比心，我觉得很好也非常有必要。"当问及对政策的适应程度时，小伙子很直率："就怕扣钱，心理压力很大，特别是看到周围有的同事因违规，当月安全奖被扣除，挺紧张"。同样有着4年公交驾龄的金司机就坦然多了，金司机驾驶K66路公交车，这条线要穿越杭州的中心繁华地带，"现在，看到斑马线就减速、停车，已经成习惯，形成条件反射了。"不过，金司机觉得，"行风监督员有年纪大的，也有年轻的，评判的时候年纪大的监督员能根据实际情况，分寸把握得好，而年轻的误判多，有些司机蛮委屈。"另外，金司机提议给新员工一段缓冲期，以前新员工有一个月时间不考核，现取消了，他们的压力要大些。我们应向司机们致谢，我们的城市太需要斑马线前的安全。

公交，是一个城市的重要基础设施，是城市经济和社会快速、健康、协调发展的助推器，更是一个城市精神文明建设的窗口，透过这扇窗，从相当程度上可以反映出一个城市的文明程度。今天，推开杭州这座城市的公交之窗，展现在人们面前的是斑马线前耐心等待行人过马路的公交身影。

路透博客中李春晓认为："如果说机动车没有避让斑马线上的行人属于违规行为，我却从未看到司机因此受罚。监管和处罚的缺席等于对于机动车漠视斑马线规则的变相默许和鼓励，久而久之，这种斑马线也就形同虚设，可有可无了。"

杭州斑马线前的公交文明得益于公交集团的有效安全管理。不过，公交车以外的机动车管理问题就凸显出来。

网民"G"感慨说，"是的，有一段时间了，大部分公交车司机都能主动避让行人，倒是小车和出租车还和以前一样呼啸而过"；

网民"农民公"担忧，"公交车体积庞大，遮了视线。同时它让你，不等于别的车让，更危险的是，给了你错觉"。

公交公司的司机也呼吁，斑马线是行人的生命线！但有时候我们让行，同行的其他车辆不让行，这样对于行人来说是非常危险的情况。

是呀！我们的出租车和私家车是没有牵扯到"安全奖"类似的约束，可又如何来提高他们的行车素质呢？起码要保障公交车让行带来的"威胁"。

可喜的是，杭州大众出租车股份有限公司办公室主任金凯已意识到，"公交车司机都做得很好，既然别人能做得这么好，出租车司机也不应落后。我们也会在安全教育会上，向每位司机提倡车让人。"杭州大众出租车股份有限公司的五星级司机贺师傅可谓语重心长了，"斑马线就是生命线，按理行人走在斑马线上就应感到安全，不需东张西望的。司机看到斑马线，应该减速缓行；发现有人走在斑马线上，司机要停车，让人先行。看上去，浪费了时间，浪费了汽油，但从长远来看，安全才是第一位的，没有了安全，就没了挣钱的本钱。"

杭州交管部门也采取了许多措施，在斑马线管理方面不断创新，如在高峰时段增加民警现场指挥；使用"谦让牌"；采用色彩鲜艳、醒目的爱心斑马线，并在上面写有"爱的路上有你有我"或明确写上"车让人"的字样。

遗憾的是，马路上奋不顾身、勇闯红灯的行人也时常闪现。

网民"黑暗中的萤火虫"倡导换位思考，"发达国家车辆都是主动礼让行人的，行人也不乱穿马路。在国内，汽车不让行人是事实，行人也不顾生命危险，乱穿马路，电瓶车开到快车道，逆向行驶，这些都是很平常的事。所以光谴责开车人的素质是不够的，一定要所有人的素质提高了才不会出现乱抢道的行为。一个行人或者开电瓶车的人，平时不遵守交通规则，等他开上了汽车，同样好不到哪去的！"

网民"tyf6"呼吁，"所以我也想请所有的行人当别的车等你的时候，能快速地通过，互相尊重"。

城市交通中的斑马线是检验行人和开车者素质的一把很好的标尺，如果备车的单位也能和杭州公交集团一样重视安全行车；如果私家车和行人能适当自律，那么，我们这个天堂离"全中国最文明的斑马线"城市就不远了！

【旋转的思维】

斑马线文明 人人有责任[1]

我国汽车拥有量为日本的 1/3，而交通死亡率为日本的 14 倍，每年因交通事故造成的死亡高达十万人，堪称世界第一，即便是人口密度很大、经济发展缓慢的南亚国家，行车秩序也远远好于我国。

轰动全国的兰州老人砖块砸车事件，至今警方尚未追究老人责任，车主们也没有找老人赔偿，网站调查结果更令人尴尬：33 万人中 26 万人支持砸车，仅 6 万多人反对。砸车违法不违法？当然违法。斑马线本是行人的安全线，生命保障线，现在成了最不安全的伤命线，能不令人望而生畏！当今，已在用一种违法行为制约另一种违法行为，用一种激进方式来唤醒另一种沉睡了，这不得不令人深思。斑马线文明，要从三方齐抓共管。

1. 政府须加强监管

斑马线，是行人走路的地方，遇行人，斑马线前停车，全世界都规定汽车要让斑马线上的行人，"车让人"是法律的硬性规定，人优先过马路是法律给予行人的权利。曾几时，社会上包括媒体都把"车让人"定义为"礼让"了，"礼让"是一种道德约束，可让可不让呀；而"让行"是法律的要求，必须执行。法律问题道德化最终导致道德的呼吁软弱无力，更何况，在行人在与车辆的较量中，行人永远处于弱者地位，要保护弱者，就必然要制约强者。因此，斑马线文明，就要求管理部门必须强化管理责任，严格执法，开展严重交通违法行为集中整治行动，整治斑马线上的违章行为，不仅是用礼仪手段，而且要用法律手段，严厉惩处在斑马线上违章行驶的无良司机，用法律来教育司机文明行车，用法规来强化司机的规则意识，让斑马线成为名副其实的生命守护线。

2. 司机要敬畏生命

在城市道路上，车流不息，司机握着方向盘，抢着分分秒秒前进；马路旁，行人左顾右盼、焦急等待，伺机穿越车流。汽车与行人争抢道路的现象时有发生，按照交通规则，在斑马线段，机动车应该优先让行人通过。但现实生活中，一些机动车司机不愿意主动让行人，个别司机见到斑马线路边的行人要过马路，故意把车子开得飞快，以对行人造成一种"威慑力"，以利于自己得以先行通过，对人

---

[1] 本文发表于 2009 年 10 月 22 日《杭州日报》第 A15 版《斑马线文明 人人有责任》。

的生命权视同草芥。杭州公交集团的领导深深懂得：关键要让司机敬畏斑马线才行啊。敬畏生命，是一个司机职业道德的体现，是一个社会文明程度的展现，是一个城市斑马线文明的起点。

3. 行人应增强自律

安全的斑马线，是建立在一个绝对诚信，全民诚信基础之上的交通规则。个别司机对生命权如此漠视，原因是多方面的。道路行驶及参与的主体其实应该是平等的，不能把行人都想当然地以为是"弱势群体"，相反也不能将司机都当作是"强势人员"。在这个扭曲的前提意识下，错误的永远是驾车者，某种程度也助长了一些行人不守交通规则。要保证城市道路井然有序，应该建立一种所有道路参与主体都平等的全新观念，因而，在抱怨司机、教育司机的同时，行人的交通自觉意识也有待提高，行人遵守交通的自律性也应增强。当司机们停车在等待你过马路时，不妨快速穿越，珍惜别人的时间；不妨打个手势，以示对司机的感谢；不妨给个微笑，尊重司机，自己也开心。正如杭州市王国平书记的告诫"我呼吁每一位行人在横穿马路时都应该走斑马线，也呼吁每一位司机在斑马线前都要减速、让行。"

杭州公交集团率先作出了示范，期待由此带来的示范效应不断扩大。杭州市委市政府一直倡导共建共享"生活品质"之城，唯有共同建设方能共同享受，同样，斑马线文明，人人有责任。

完善公共自行车系统的十条建议[1]

自行车由个体交通向公共交通转化，杭州在全国开了个先例，体现了城市公共交通发展战略的新思维。城市市民出行一向习惯于自行车，如今"卷土重来"，当然高兴，只是个体向公共转化之后，特别是随着全市网点的增加，出现了许多新问题：停不了车的责任是在公司，但超时计费还要让租车者支付，不太合理，怎样及时还车？骑了一年多的自行车损坏多了；市民越欢迎，对服务质量要求越高……本文收集了众多网民的意见，走访了相关部门，听取了一些有心人的高见，大家集思广益，最终形成完善公共自行车系统的十条建议。

公共自行车是一项新事物，杭州各相关单位正在努力完善这一慢行交通体系，今年7月份，全力破解"租还车难"杭州公共自行车已推出六项新服务。若您有好的建议，也请多提提。

建议一：完美的还车方案

自杭州公共自行车运行以来，反映最多的问题是到了目的地后，无空位还车。网友"herbwide"提出了可以完美解决还不了车的方案。1. 看到车位满，自行车还不了，则拔下钥匙；2. 到 POS 机上刷卡，按应急还车，将钥匙号输入 POS 机；3. 输入完毕，将钥匙投入 POS 机旁一个只进不出的箱子。在 POS 系统中要加如下设置：1. 对此种还车情况需要在 POS 系统里特别登记，如丢失可事后追究还车人，扣除费用（这样可以保证还车人将钥匙放到那个箱子里）。2. 特别登记还可以使调度系统及时知道何处车位紧张，及时派人派车调车。另外，网友"herbwide"还有一个建议：POS 查询，99％的人是查还车记录。那么，何不将卡一放到 POS 机上，就显示还车记录，而不需要按3，再按2这样的局面？针对一些租车者因误还车而支付了不少冤枉钱，网友"任娟"提议：用 IC 卡或者市民卡租车的，最好能开通手机短信业务，当租车达到 12 小时或者规定的时间没还车，系统应该提示一下，这样租车人就可以及时发现问题。

建议二：以后或许可以这样还车

有人建议：当停车位满而无法停车时，在系统中设置一个允许租车者将自行车骑回家暂时保管的功能，只要在还车点的 POS 机上进行刷卡操作，系统确认本租车点确实已

[1] 本文发表于 2009 年 9 月 10 日《杭州日报》第 C05 版《完善公共自行车系统的十条建议》。

停满无法还车，即允许租车者暂时保管，并停止计费。增加这项功能不会太难，但会给广大的租车者以极大方便。网友"jxd1209"觉得可以引进一种半自动的还车方式，在各个还车点（或许在部分常爆满的点），增加一个可以远程控制开启的、带刷卡机功能的、一端固定的链条锁，把现在人工还车的普通链条锁换掉。在有人值守的情况下，由服务人员开启锁锁入车，还车人在刷卡器上确认还车。在无人的时候，由工作人员通过远程视频监控与对话设备，先刷卡确认还车人身份，然后开启链条锁，由还车人自助将车锁入，并锁上链条，中心确认锁的状态后，还车人刷卡还车。实际上这只是延伸了人工的方式，既节约场地，解决了一些问题，也不会增加操作的复杂度。

建议三：对还车系统的改进

网友"康康"从网站上了解到，大部分丢失自行车是由于还车不当，未达到正常还车引起，而后一人借车后，肯定在锁止器上还不进，而引起部分人员索性不还而产生情况。"康康"的改进方法很专业。

方法之一：电脑程序设置处理。还车不正常时，在未刷卡时锁止器上灯是绿灯正常亮，而后在锁止器上刷卡时锁止器上灯是红灯闪亮并发出嘀嘀响报警声，取出车后在自助服务机查询尚未租车。在无车的锁止器上刷卡时锁止器上灯一直是绿的并无嘀响声，说明电脑系统是能识别上面二种差别。既然电脑能识别，就给我们改进提供思路，如电脑程序设置上作如下变化，是否能防止或减少因还车不当而引起车丢失：借车时在锁止器刷卡借车时，如前面还车正常，则后者借车记录也正常。如前面还车不正常，按原来情况电脑肯定不作记录，而现在只要在锁止器刷卡时即使电脑认为是无车锁止器也让电脑记录为"疑似借车卡"。有该记录借车卡不影响正常借车，（这样可防止误操作而不能正常借车），但骑车到达另一公共自行车租用服务点要进行还车，这时操作系统遇到记录有"疑似借车卡"记录，电脑就设置为可以允许正常还车，而按原来电脑设置是无借车者肯定不能还车的，而收费记录从还车时向前推一直到电脑记录为"疑似借车卡"开始刷卡时间，也可奖励后者免于收费。

方法之二：锁止器中的锁舌改进。锁止器中的锁舌现在前后部一样大小都是方形，如果略微修改一下，前端四分之一略小点呈圆形而后四分之三仍保留原来方形，可能会使停车不到位而使锁止器无法正常工作情况变少。

建议四：探索劳动资源合理利用的新路

大部分公共自行车服务点都临街，每个服务点与附近的企事业单位、临街商店进行合作，如遇无法还车的紧急情况，可将公共自行车临时存放在这些合作单位，由合作单位记录还车时间并负责归还。对热心服务的合作单位，考虑给予适当的物质和精神奖励。网友"binyu7702"与网友"zpkun9999"均提议：现在租车点的小亭子其实可以利用起来，办成书报亭，还可以卖些饮料什么的，以一个站点的收入养一个站点的员工，既方便租借人有问题好及时处理，增加收入的同时，也解决了就业问题，双赢啊！说不定能解决负责网点人员的工资呢。现在很多租点都在报刊亭旁，可以让报刊亭的师傅帮忙，付点钱意思一下。

一些网友反映：很多锁车器坏了也没人知道，靠举报了才会发现，虽然在坏的锁车器上套了红布套说是维修，但是维修期太长了。网友建议可将部分维修量由平时遍布杭城的自行车修理师傅承担，一个师傅承包几个点，每月收取服务费，建立锁车器定期检查制度，也是劳动资源合理利用。

建议五：在人流量大的路段设置自行车通道

上海一游客建议："既然推广自行车交通系统，景区的道路还是应该改造一下，自行车应该有自己的车道，不然太危险了。"尤其在北山路，道路比较窄，机动车道和自行车道并在一起，自行车夹在来来往往的大车子中间，险象环生。这种机动车道和自行车道混合在一起，或者自行车道和人行道不分离的道路，在西湖景区还有不少。随着公共自行车的推广，景区自行车数量将大大增加，自行车行车安全问题也是交通部门应该考虑的呀！

建议六：租车年纪能否卡得再低点

为了保证孩子安全，现租车年龄下限定在16岁，有些三口之家的游客建议，年纪能否卡得再低点，其实现在孩子发育比过去早，在家乡十二三岁骑车上学是常事，再说，和父母在一起，能保障孩子的安全，否则，在孩子16岁前，会很遗憾没法全家一起骑车出行；富阳来的潘先生也建议，"如果有家长陪同监管的前提下，能否酌情放宽租车年龄限制，门槛定得再灵活些？"

建议七：服务点可增设的项目

服务点可准备一批自行车锁，供需要中途停车的租车者自行取用；景区租车点设个小小寄存处，提供正规服务，有些外地游客会带着一两件行李到景区；服务点缺个"服务箱"，比如打气筒、扳手之类的工具——工作人员也总会有在别处的时候，可以自己调整车座高度；准备些便宜的雨衣对租车者来说，是很贴心的；有些租赁点不显眼，杭州市民也会找不到。所以大家建议，把租赁服务点标在路旁的指示牌上，方便租车者特别是外地游客还车；网友"zmkh163"认为：租车点的电子地图版本太陈旧了，新租车点的具体地点早已公布了，尽快更新电子地图可以提高新租车点的利用率；网友"zjsyswf"提议：地图挂得太高了，根本看不到。便不便民，是否人性化、替别人着想，有时也体现在这种小细节上。

建议八：改变公交电子钱包现行的充值标准与方式

一些市民认为，公交电子钱包现行充值标准与方式会影响公共自行车的普及。现在电子钱包充值时只能50元起步，缺乏灵活性，建议充值标准向小额方向调整，如将起充价调低为5元，或10元；针对租用公共自行车用户，调低起充价（依据电子钱包中的余款，若大于180元，则可判断为此类用户）；电子钱包的保证金可以退还为现金（不允许退是没有理由支持的霸王条款）。当然，小额充值会增加工作量，公共自行车运行成本增加也就凸显出来，网友倒是觉得：现在银行都支持网上银行了，移动手机也可以网上充值，还有优惠，公交IC卡完全可以开通网上充值呀。

建议九：实行24小时营业制

网友"admin"抱怨：反正是无人值守的，为什么要规定营业时间啊？晚上8点就结束了，太早，体现不出公共自行车的优点；网友"猫儿"也有同感：这本来是让广大市民都非常非常值得称赞的大好事，但是现在规定的这个营业时间，绝对是好心办坏事，晚上8点就结束了，比某些公交车还要早。如果这个营业时间无法24小时全天候的话，其实是一点儿都不方便的，反而是多了一些麻烦事；相关部门有位领导也认为：当前对于24小时提供服务是群众最迫切希望解决的问题。如今群众并不一定着急于要求有关部门发展更多的服务点，所以完全可以将迅速建设服务点的工作暂缓一下，专心研发24小时提供服务的相关系统并提供到新建的服务点中去，对于已建不能24小时服务的服务点，可以在今后进行逐步改造和完善；有位网友提了个折中的建议：晚上8点后只还不租。

建议十：加强工作人员的培训

工作人员的态度直接代表杭州旅游城市的窗口形象，许多网民认为，工作人员的服务质量要和杭州的城市文明画上等号，请专业从事服务行业的专家认真进行培训，课程合格方能上岗，实行必要的考核，态度不好、服务差、投诉超过一定数量的人员实行下岗制。另外，有些国外游客很依赖公交服务，办手续的时候，和工作人员的沟通就存在问题。市民们建议，给工作人员一些基础的外语培训，英语水平不用很高，稍微有点外语基础就行，这方面北京的哥做了很好的榜样。

食品安全：重在有效监管[1]

当今，食品安全已被联合国列为继人口、资源、环境之后的第四大社会问题。改革开放30年来，我国在提高食物供给总量、增加食品多样性以及改进国民营养状况方面取得了令世人瞩目的成就。但近年来，食品安全问题层出不穷，政府采取了积极的应对策略，建立了较为全面科学的食品监管体系，从机构设置、法制建设和具体举措方面都做了努力，有效遏制、坚决打击了一些恶性食品安全事件。

食品是人类赖以生存和发展的物质基础，食品安全问题更是关系到人体健康和国计民生的重大问题。"民以食为天，食以安为先"，确保食品安全，需要对"从农田到餐桌"整个体系实行全方位的有效控制，而食品安全事件的频发暴露了政府监管的漏洞，在履行监管职能方面还有待于提高有效性。

一、监管机制的有效性

目前，我国的食品安全管理机构被分割在多个政府部门，涉及食品安全监管职责的有工商、质监、卫生、农业、药监、商务、海关、进出口检验检疫等，在食品的原料、加工、生产、流通、进出口、消费等环节和产品质量、卫生标准等方面都对应有一定的监管职责，而任何一个部门都没有完整的食品安全管理权，一旦某一部门缺位，就会造成食品安全监管的失败。管理机构交叉重叠，各部门之间的协调很不完善，使处理食品安全的机制很难进行有效配合，多头执法使很大一部分力量在相互依赖、推诿中消耗掉，从而造成了食品安全的缺位。

二、监管模式的有效性

质量监督部门获得企业违法行为信息的方法主要是以技术检验为手段的监督检查，但是，由于食品品种繁多、交易频率高、市场流动性大和环节多，想通过检验得到所有产品质量信息是不现实的。随着生产生活方式的不断变化，食品生产、加工、营销环节的技术需求变得日益复杂，食源性疾病和新的食源性危害不断增加，传统的食品安全控制方式和模式面对纷繁复杂的食品安全问题已开始变得力不从心，再加上检验成本过高，行政拨款不足。分散、小规模的个体目前仍是我国食品生产和流通的主要力量，致使解决食品安全问题的难度与日俱增。在德国，监管分为三个层次：第一层次为企业自

[1] 本文发表于2009年1月15日《杭州日报》第B08版《在有效监管上狠下工夫》。

我检测，自觉加强自我检验，从源头确保食品安全；第二层次是中介检测机构，中介检测机构独立于企业和监管部门之外，有利于防止权力滥用，保证检验结果的真实、准确和公正；第三层次是政府。我国在监管模式上有待于创新，如倡导食品安全举报、增加中介检测机构，加强社会监督的力量。

三、监管力度的有效性

在我国，有关食品安全的许多标准和法律早已颁布实施，遗憾的是缺乏巨大的威慑力，也就是说违法所付出的"成本"（如罚款或判刑）不足以让违法者止步。如：处理食品质量问题主要以《产品质量法》为法律依据，由于个体户造假成本低、产品转移快、又没有规范的账目管理，按照《产品质量法》处罚总量不大，难以"伤筋动骨"，更谈不上"倾家荡产"。因此，一些企业和个人依然把食品安全当作一件可有可无的事情，屡罚屡犯。要想惩罚得到最大的效果，恐怕要罚得及时，惩罚的成本应大于违法所得，强迫制造伪劣食品的企业和个人付出沉重代价；对于屡次违规犯法者，更要用重典。德国、日本、韩国等在确保食品的质量和安全方面，均制定、实施了一系列严厉的惩罚措施，如吊销营业执照、10年内不准营业、没收其全部所得等等。严酷的法典，使得厂家如履薄冰，对食品安全问题丝毫不敢大意；严厉的法规，保障了食品安全监管工作的有效性。总之，全社会的食品安全意识应建立在对标准和法律充满敬畏的基础上，人生天地间，敬畏感是阻止人们滑向浅薄、野蛮、无所顾忌的一道坚实护栏，唯有如此，许多老大难的食品安全问题才能迎刃而解。

为民、惠民、靠民：文明新风润杭城

文明城市是指在全面建设小康社会、构建和谐社会、推进社会主义现代化建设新的发展阶段，坚持科学发展观，物质文明、政治文明与精神文明建设协调发展，经济和社会各项事业全面进步，精神文明建设取得显著成就，市民整体素质和城市文明程度较高的城市，是反映一个城市整体文明水平的综合性荣誉称号。

文明城市是全国精神文明建设工作的最高奖项，是城市经济社会科学发展和社会和谐进步的重要标志，是城市具有较强综合实力和竞争力的集中体现。文明城市也是一个城市最有价值的无形资产、最珍贵的城市名片和最重要的城市品牌。

文明城市是当代中国千百万民众在自觉实践、自觉追求的"城市文明模式"，创建文明城市实质上是在更高层次、更高水平上推动城市发展，是一项顺民意、得民心的实事工程。

一、杭州创建文明城市的重大意义

精神文明是人类发展的永恒追求、现代城市的重要标志。近年来，杭州市委、市政府始终坚持把创建全国文明城市作为贯彻落实科学发展观、推动科学发展，保障改善民生、提高人民群众生活品质，改善城市环境、增强城市综合竞争力的重要载体，不断创新机制、丰富载体、拓展领域、加强宣传，形成了人人参与创建、乐于创建、共享创建成果的良好局面。

1. 创建文明城市，是落实科学发展观、建设和谐杭州的有力举措

文明城市是经济持续发展、环境整洁优美、交通便捷通畅、社会诚实守信、风尚淳朴向上、管理科学有序、教育发达、文化繁荣、人民安居乐业的现代化城市。因此，创建文明城市是物质、政治、精神、生态四大文明协调发展的总抓手，是经济、政治、文化、社会、党的建设齐抓共建的总平台。文明城市，内容丰富、覆盖面广、辐射力强、影响力大，其量化的指标充分体现了以人为本的理念，体现了全面协调发展，体现了建设和谐社会的内在要求。文明城市创建，就是要把践行科学发展观、构建和谐社会落实到每一个决策、每一个环节、每一项工作中，落实到杭州发展的方方面面。创建文明城市，是贯彻落实科学发展观的生动实践和具体体现。

2. 创建文明城市，是加强和创新管理、完善公共服务的有效载体

提高社会管理科学化水平、建设中国特色社会主义社会管理体系，确保社会既充满

活力又和谐稳定，是时代的要求、人民的期待。社会管理，涉及广大人民群众切身利益，是坚持以人为本、执政为民，切实贯彻党的全心全意为人民服务的根本宗旨，不断实现好、维护好、发展好最广大人民的根本利益。开展创建文明城市为进一步加强和创新社会管理提供了有效的平台，有利于形成党委领导、政府负责、社会协调、公众参与的社会管理格局，有利于形成健康的社会风尚和优良的社会秩序，有利于市民的生活条件和环境质量的提高，有利于环境优化、城市经济和社会的协调发展。

3. 创建文明城市，是增强城市竞争力、改善城市环境的内在要求

文明是城市的灵魂和发展动力，文明建设的水平决定着城市的形象和品位。随着经济社会的发展，区域之间的竞争越来越激烈，各个市（县）之间的竞争，不仅仅是经济规模、实力和水平的竞争，也是环境、文化和人才的竞争，是软实力的竞争。抢抓发展机遇，关键在于营造良好的发展环境，用环境优势去吸引和聚集生产要素，增强市域经济的整体竞争力。创建文明城市活动，正是提高城市品位、树立城市形象、改善发展环境的重要载体，也是杭州经济社会实现跨越发展的迫切需要。

4. 创建文明城市，是提升文化软实力、提升市民素质的现实途径

通过创建文明城市的活动，把广大市民动员起来、组织起来，使人们在参与创建活动中，培养与城市发展相适应的现代文明意识，养成文明的言行举止，培养文明和谐的人际关系和社会环境。创建文明城市的过程，是不断增强市民城市意识、卫生意识和文明意识的过程，是推动科学、文化、教育、卫生、体育等各项社会事业不断繁荣发展的过程，是推动先进的思想观念、高尚的道德风尚、健康的生活方式和优秀的精神文化产品的广泛传播的过程，是不断创造和优化人全面发展的条件和环境的过程。有这样的过程，才有在全社会形成文明礼貌的社会氛围、和谐人际关系和昂扬向上的精神面貌的结果，才有在全社会形成爱国守法、明礼诚信、团结友善、勤俭自强、敬业奉献的道德风尚的结果，才有在引导人们改造客观世界的同时改造主观世界、在提高人们生活质量的同时提高自身的文明素质的结果。这些过程和结果，都将从根本上提升市民的文明素质和城市的文明程度，从而极大地推动社会主义精神文明建设。

5. 创建文明城市，是保障和改善民生、提高生活品质的重要抓手

随着人民群众生活水平的不断提高，需求层次也在不断提升。优美的生态环境，丰富的文化生活，和谐的人际关系，文明舒适的工作、学习和生活环境，优质高效的社会服务，已经成为广大人民群众的迫切需求。创建文明城市，就是把提高人民群众的生活水平与提高城市的文明和谐程度结合起来，实现城市形象与市民生活水平的互促共赢，

是顺应民心、合乎民意的"民心工程"。通过文明城市的创建活动，进一步加快城市建设步伐，提高城市管理科学化水平，不断优化人居环境、创业发展环境，提升市民的文明素质，树立城市的良好形象，打造文明和谐的城市品牌。

二、杭州争创文明城市的生动实践

杭州市委、市政府对创建全国文明城市工作高度重视，持之以恒，以争创"文明城市"为目标，以弘扬社会主义核心价值体系为主线，围绕"创建为民、创建靠民、创建惠民"宗旨，创新载体，拓展内涵，吸引广大人民群众积极参与，全市物质文明、政治文明、精神文明、社会文明和生态文明建设各项工作取得了实实在在的成效。

1. 价值引领，构筑共同思想基础

杭州坚持把用中国特色社会主义理论体系武装全市干部群众作为思想政治建设的第一要务，深入开展学习实践科学发展观活动和创先争优活动，积极推进社会主义核心价值体系大众化，引导全市干部群众更加自觉地践行科学发展观，不断巩固全市人民团结奋斗的共同思想基础。

（1）弘扬社会主义核心价值

杭州通过中心组学习、读书会、报告会、培训班等多种形式，把社会主义核心价值贯穿到党员干部教育以及日常工作学习生活中、融入到国民教育和精神文明建设全过程，努力推动全市干部群众把社会主义核心价值体系内化于心、外化于行。组建杭州市"中国特色社会主义理论体系宣传普及讲师团"，成立"当代大学生理论读书会"，打造"市民大学"、"基层理论宣讲点"、"社科普及周"、"钱塘论坛"、"学与思"等系列宣传教育平台，两年共举办各种形式的宣讲活动2350余场，受众达200余万人次。深化社会主义荣辱观和文明礼仪教育，引导人们知荣辱、讲正气、尽义务、守信用，引导广大党员干部坚定理想信念、恪守从政道德。

（2）深入开展创先争优活动

杭州以学习实践科学发展观、建设服务型基层党组织为主题，以"西湖先锋"为总载体，开展创先争优活动。陈柱平、钟伟良先进事迹被中组部、中宣部和中央学习实践活动领导小组作为全国第三批学习实践活动重大典型；涌现出淳安县浮林村救火英雄群体、"人民的好法官"陈辽敏等先进典型。杭州切实加强对先进基层党组织和先进党员的宣传报道，在"两报两台一网"开设"争当西湖先锋、服务科学发展"、"西湖先锋·闪光言行"、"一个支部一面旗、一名党员一颗星"等专栏，结合纪念建党90周年隆重表彰先进基层党组织和党员、举办"闪光的党徽"优秀党员事迹巡回报告和主题电视晚会，营造创先争优的浓厚氛围。

（3）扎实推进学习型城市建设

杭州以学习践行社会主义核心价值体系为核心，以提高市民思想道德素质和科学文化素质为目标，以构建终身教育体系和学习服务体系为支撑，以创建学习型组织为抓手，加快建设"人人皆学、时时能学、处处可学"的学习型城市。全市13个区、县（市）均建立了社区学院，95％以上乡镇（街道）建立了社区学校（分院），拥有职工教育示范基地100个、省市示范性成校86所，2010年有1.83万人取得"双证制"成人职高教育培训毕业证书，在校老年学员14万人。围绕构建学习服务体系，办好市民学校，开设"市民大学堂"讲座，举办"杭州学习节"、"西湖读书节"、西湖书市和杭州网络文化节等活动，建成"三网融合"杭州数字图书馆，推进新一轮广播电视对农节目服务工程建设，构建"一个体系、五大平台"农村信息化发展模式，推动学习服务进千家万户。坚持以学习型党组织建设带动学习型城市建设，建立首批43个学习型党组织示范点，发挥典型示范作用，着力推进学习型党组织建设的制度化、常态化。

2．民生改善，提高人民生活品质

杭州始终坚持把保障和改善民生作为一切工作的根本出发点和落脚点，深入破解"七难问题"，大力实施"民生十大工程"，加快推进基本公共服务均等化，积极创新社会管理，着力解决好劳动就业、社会保障、收入分配和教育、医疗、住房、交通等涉及人民群众切身利益的突出问题，努力让人民群众"学有优教、劳有多得、病有良医、老有善养、住有宜居"，不断提高人民群众的生活品质和"幸福指数"。

（1）大力实施民生工程

2010年，全市80.6％的新增财力用于社会事业和民生保障。

①交通便民工程

加大轨道交通、道路、人行过街设施和停车场（库）等设施规划建设力度，加快构建地铁、公共汽车、出租汽车、水上巴士、公共自行车"五位一体"的大公交体系，努力缓解"行路、停车难"。

②百姓安居工程

加大保障性住房特别是廉租房、公共租赁房建设和供应力度，完成危旧房改善142.6万平方米、受益住户3.5万户，完成农村住房改造128370户。加强对城郊接合部、农贸市场、河道、户外广告、渣土运输、"十小"行业、"五乱"等环境卫生重难点问题的整治，推行垃圾分类、垃圾直运，深化拓展背街小巷改善、庭院改善、物业管理改善等工程。

③就业促进工程

制定实施 30 条"就业新政"，动态消除"零就业家庭"，以创业带就业、以培训促就业，着力解决高校毕业生、失地农民、杭州农村转移劳动力、城镇就业困难人员、参加杭州常住人口登记的"新杭州人"的就业问题。2010 年，全市城镇登记失业率降至 2.19%。

④社保提升工程

2010 年，全市养老保险、医疗保险、失业保险、生育保险、工伤保险参保人数分别达 490.27、753.56、243.98、314.95、228.53 万人，农村五保户和城镇"三无"人员集中供养率为 95.9% 和 99.6%，第十次"春风行动"累计募集社会资金 1.6 亿元，向 10.8 万户困难群众发放一次性救助金 1.05 亿元。

⑤教育强基工程

扎实推进教育事业优先发展、科学发展、优质均衡发展，全市教育事业由"好上学"向"上好学"演进。优质学前、义务、高中教育覆盖率分别达到 65%、75.92% 和 81.16%，中等职业教育开启以就业为导向、工学结合发展新局面，资助体系实现从学前到高等教育的全覆盖，进城务工人员子女入学问题得到妥善解决。

⑥文化惠民工程

覆盖全市城乡的四级公共文化服务设施网络基本建成，公益性文化活动和群众性文化活动广泛开展，人民群众的基本公共文化服务需求得到更好满足、基本文化权益得到更好保障。

⑦医卫利民工程

不断深化医药卫生体制改革，建立健全覆盖城乡的公共卫生、医疗服务、医疗保障、药品供应体系，名院集团化办医扎实推进；新型农村合作医疗参合率达 99.3%，乡镇覆盖率达 100%，"看病难"、"看病贵"问题得到缓解。

⑧体育健身工程

加快建立城乡全民健身服务体系，推动公共体育设施向社会开放，群众性体育活动广泛开展，2010 年全市体育人口比例达到 50%，人均体育场地面积达到 1.53 平方米，体育强县（区、市）和强乡镇（街道）比例分别达到 61% 和 50% 以上。

⑨食品放心工程

健全食品质量和安全监管长效机制，加大食品质量和安全专项整治力度，规范食品市场秩序，提高食品质量，保障食品安全。

⑩平安创建工程

落实社会治安综合治理、信访工作、安全生产、预防处置群体性事件等工作责任制，健全治安防控体系。加强城市防灾体系建设和防汛防台、抗雪防冻应急处置，安全生产三项指标连续七年持续下降，上海世博会"环沪护城河"安保工作圆满完成。

（2）积极创新社会管理

杭州围绕建立党委领导、政府负责、社会协同、公众参与的社会管理格局，大力推进社会管理创新。创新基层社会治理结构，推动乡镇（街道）把工作重心向社会管理和公共服务转移，健全"网格化管理、组团式服务、片组户联系"制度，构建基层综合管理服务平台，积极培育各类社会组织；完善"三位一体"的城乡社区管理新体制，强化社区自治和服务功能，发挥驻区单位、社区民间组织、物业管理机构、专业合作经济组织在社区建设中的积极作用；完善社会矛盾化解机制，加强信访和"12345"工作，建立健全重大工程项目建设和重大政策制定的社会稳定风险评估机制，深化领导干部"大接访"，抓好"律师进社区"等活动，推广"和事佬"等组织，深入开展社会矛盾纠纷大排查，积极构建"大调解"工作体系。

（3）推进生态型城市建设

杭州扎实推进国家生态市创建、国家低碳城市试点和全国生态文明建设试点工作，着力发展生态经济、改善生态环境、培育生态文化、完善支撑体系，顺利完成"811"环境保护新三年行动任务，成功创建国家森林城市。2010年，市区空气优良天数为314天，全市饮用水源达标率100％；全市森林覆盖率达64.44％，建成区绿化覆盖率为39.95％，建成区绿地率为36.64％，人均公园绿地面积达15.12平方米［桐庐县、临安市成功创建国家级生态县（市），累计创建国家级生态乡镇46个、国家级生态村2个］；加大污染防治、环境综合整治力度，实施西湖、西溪湿地、运河综保工程和"三江两岸"生态景观保护与建设工程；加大绿色生产生活方式倡导力度，推进节能减排减碳，杭州入选"低碳中国贡献城市"。

（4）着力建设服务型政府

坚持"问情于民、问需于民、问计于民、问绩于民"，建立健全市党代表列席市委常委会、政府开放式决策、以民主促民生等工作机制，完善和落实关系广大群众切身利益重大问题、重要事项集体决策、专家咨询、社会公示和听证等制度，实行决策责任制、决策过错责任追究制，自觉接受人大、政协、新闻舆论和社会公众的监督，充分发挥党代表、人大代表、政协委员和专家学者作用，推进决策的民主化、科学化；推进政府机构改革和行政审批制度改革，建设"市民之家"、"网上市民之家"和行政服务中心、"网上行政服务中心"，推行投资项目审批代办制，深入开展市直机关"满意不满意单位评选"、"深化作风建设年"、"效能亮剑"等活动，提高机关效能；推进政务公开制度化、规范化、常态化，加强电子政务建设，保障人民群众的知情权、参与权、选择权、监督权。加强法治政府和政府信用体系建设，提高政府公信力。完善党政领导接访、下访、约访制度，发挥 12345 市长公开电话、96666 效能监察、信访、民情热线等载体作用，倾听群众诉求，维护群众合法利益，解决群众反映的问题。近两年，市、区两级公开电话共受理群众各类诉求 64.74 万件，群众满意率达 98％以上。

3．以文化人，繁荣发展先进文化

杭州坚持经济"硬实力"与文化"软实力"一起抓，大力推进文化事业和文化产业繁荣发展，着力建设"文化名城"、打造全国文化创意中心，充分发挥文化引导社会、教育人民、推动发展的功能。

（1）加强推进公共文化服务

加快基层文化设施建设步伐，推进重大文化设施建设。实现社区（村）级文化设施全覆盖，城区基本形成了"15分钟文化圈"。博物馆、图书馆、纪念馆、文化馆向社会免费开放。实施公共图书"一证通"工程、文化信息资源共享工程等九大文化惠民工程，广播电视"村村通"有线电视入户率达 95％，有线广播"村村响"覆盖率达 100％。切实加强物质文化遗产和非物质文化遗产保护，全市有国家重点文物保护单位 24 处、各类博物馆纪念馆 50 座，历史文化村镇和历史文化街区 33 处；拥有文物保护管理机构 23 个。

（2）大力发展文化创意产业

2010 年，杭州文化创意产业增加值 702 亿元，占全市生产总值的 11.8％，成为经济新的重要增长点。初步形成西溪创意产业园、白马湖生态创意城等十大创意产业园，集聚企业 1437 家，从业人员达 2.3 万余人。一批优秀文创企业脱颖而出，中南卡通、华策影视等 7 家文创企业入选首批国家文化出口重点企业，宋城集团等 26 家文创企业入选全国大企业大集团百强榜，银江电子、核新同花顺、顺网科技等 16 家文创企业成功上市，华数、嘉德、金海岸、汉嘉设计等 9 家企业进入上市程序。杭州成功举办七届国际动漫节，成为"中国动漫之都"，拥有 2 家国家动画生产基地，3 家国家动画教学研究基地，2010 年原创动画片产量达 35008 分钟，产量及获奖数量均居全国第一。

（3）深入实施文化精品工程

出台"青年文艺家发现计划"，加大各类文化艺术人才培养、引进力度，吸引名家大师入驻文化创意园或在杭开办工作室，涌现出一批优秀本土文化人才，初步打响"文化人的天堂"品牌。扶持鼓励文艺院团创作文艺精品，组建不到两年的杭州爱乐乐团先后承担了杭州新年音乐会、2010 中国交响乐峰会、赴欧洲巡演等重要任务，并与柏林爱乐建立了长期合作伙伴关系。加大对文艺精品创作的扶持和奖励力度，创作生产了一批具有思想性、艺术性、观赏性的优秀文艺作品，电视剧《毛岸英》《五星红旗迎风飘扬》《东方》相继在央视一套播出，《五星红旗迎风飘扬》获中国电视剧飞天一等奖，《东方》居黄金时段影视剧收视率排行榜首位，在全国产生重大影响；先后获得包括中宣部"五个一工程"奖、文化部"文华优秀新剧目奖"、中国文联戏剧"梅花奖"、全国电视剧"飞天奖"等在内的省级以上各类奖项 250 余个。

（4）丰富城乡居民文化生活

广泛开展群众性文化活动，每年举办"西湖之春"艺术节、西湖国际音乐节、新年音乐会等大型文化活动，为市民提供高雅的艺术享受。坚持开展周末特色文化广场演出活动，不断推进特色文化广场向农村延伸，开辟了 12 个特色文化广场，5 年来演出近 2000 场，观众达 200 余万人次。采取政府采购方式，大力开展"乡风文明千里行"、百场文艺演出进社区、千场电影下基层等多种形式的送文化活动，确保基层周周有活动、月月有演出。积极推动群众开展自发性文化活动，广场文化、社区文化、校园文化、企业文化、老年文化、少儿文化、休闲文化活动不断兴起，有效丰富群众的文化生活。

4. 共建共享，不断深化文明创建工作

杭州坚持"创建为民、创建惠民、创建靠民"，不断创新机制、丰富载体、拓展领域、加强宣传，形成人人参与创建、乐于创建、共享创建成果的良好局面。

（1）健全工作机制

建立健全精神文明创建长效机制，强化文明创建的体制机制保障。

①领导机制

形成了上下联动、齐抓共管、合力推进的创建工作格局。

②推进机制

建立市领导督查、各专项组督查、市文明办督查、各城区督查、市有关部门督查、城市文明督导员督查和新闻媒体督查等多位一体的督查机制。

③考评机制

制定实施创建全国文明城市专项目标考评方案，并纳入领导班子和各单位目标考评。

④保障机制

制定出台《杭州市创建全国文明城市五年规划（2006－2010）》和《杭州市创建全国文明城市实施意见》，切实解决"有人管事、有章理事、有钱办事"问题，努力夯实创建工作基础。

（2）丰富创建载体

组织开展形式多样的公民道德教育实践活动，引导市民群众共同营造良好社会风尚。

①普及文明礼仪

发起"文明从脚下起步"、"文明出行、杭州先行"、"闪闪红星·文明出行"、"公交让座日"、"携手1+6、文明进万家"等系列宣传活动，在全国率先开展"斑马线前礼让"活动；市民大学堂连续七年坚持"每周一课"开展文明礼仪教育；深入宣传杭州市民守则、市民"六不"行为规范，发放《杭州市礼仪手册》。

②加强公民道德建设

结合中央文明办"我推荐、我评议身边好人"活动，以"做一个有道德的人"为主题，连续六年开展道德模范暨"十大平民英雄"评选表彰活动，组织道德模范宣讲团巡回宣讲等，不断掀起歌颂道德模范、学习道德模范的高潮。

③深化文明创建

精心设计市民学校、"邻居节"、"双千结对、共创文明"、公民爱心日、乡风评议等精神文明建设载体，扎实开展世博会及赛会、关爱百万空巢老人、关爱农民工、关爱残疾人等志愿服务活动，组织开展"我们的节日"、中华经典诵读等主题教育实践活动。

④加强未成年人思想道德建设

每年推出未成年人思想道德建设十件实事，深入实施"第二课堂行动计划"和"乡村少年宫"暨春泥计划，培育了"天堂儿歌"创作演唱比赛以及"美德·阳光少年"、"小道德模范"、"文明小公民"评选活动等一批有影响、有特色、深受未成年人欢迎的品牌项目。

（3）广泛宣传发动

健全市、区（县、市）、街道（乡、镇）、社区（村）上下联动的四级宣传网络，营造全民支持创建、全民参与创建的浓厚氛围。切实加强新闻宣传,组织市属新闻单位以"创文明城市、建美好家园"为主题,开辟专栏专版专题进行集中宣传,形成报纸、电视、电台、网络、手机等多位一体的立体宣传格局,全方位、多角度、高频率地宣传报道全国文明城市创建工作;充分发挥新闻媒体、群众的监督作用,开展"文明城市创建随手拍"和"文明大晒台"等活动,鼓励市民群众为城市文明"捉虫挑刺"。"文明在我家、杭州晒出来"百万家庭全媒体大行动,吸引了300余万张网络投票、近百万人直接参与,创造了同类活动的新纪录。切实加强社会宣传,创意发送"小文妹"、"阿明哥"文明创建动漫短信,在市区主要广场、道路、公交站点、墙景等公共场所,制作各类宣传广告和宣传横幅,在全市公交移动电视、公交车站电子屏、户外 LED 电子屏滚动播放电视宣传广告片,着力提高市民对创建工作的知晓率和参与率。切实加强典型宣传,着力挖掘、宣扬、关爱典型,大力宣扬在文明城市创建中涌现出来的好人好事,充分发挥先进典型的示范作用。

三、杭州争创文明城市的特色篇章

杭州始终注重创建特色,着力打造了一批吸引力强、参与广泛的品牌活动,一些经验和做法在全省乃至全国产生了较大影响。

1."我们的价值观"创新大众化实践

2011 年以来,杭州在用社会主义核心价值体系引领社会思潮、推动社会主义核心价值体系大众化和提升公民思想道德建设的时代性、感召力等方面进行了有益探索,开展了"我们的价值观"主题实践活动,每个月根据重要节庆日的思想文化主题,确定了"民生、礼仪、诚信、感恩、奉献、关爱、信仰、责任、科学、爱国、创新、和谐"等 12 个主题关键词,每月组织开展系列主题实践活动,结合"我们的节日"主题活动、创先争优活动、学习型城市建设等,开展"西湖书市"、"学习书屋"进社区(农村)、构建运河学习长廊、培育百个国学传承基层点、评选"和谐杭州六十佳人物"等系列活动,并在此基础上面向全国开展核心价值观核心词征集活动,促进社会主义核心价值体系深入人心。"我们的价值观"主题实践活动突出群众性、强调实践性、体现导向性,具有鲜明的杭州特色,得到了中央政治局委员、中宣部部长刘云山的充分肯定。

2."最美妈妈"彰显杭州城市价值

典型是旗帜,模范是榜样。道德模范能够带动一个城市的精神文明建设,引导人们树立正确的价值导向。今年 7 月,家住杭州滨江区的阿里巴巴员工吴菊萍不顾自身危险，勇接坠楼女童，致使手臂多处粉碎性骨折。她的英勇壮举被社会广泛传颂，获得了"最美妈妈"的赞誉，在全国掀起了一股学习吴菊萍见义勇为先进事迹的爱心涌动潮。吴菊萍的事迹不仅体现了中华民族的传统美德和人性大爱，也充分体现了一名共产党员"平常时候看得出来、关键时刻豁得出去"的精神风貌，激发了社会向善力量，引导社会对真善美的追求。"最美妈妈"的产生根植于杭州城市精神沃土，根植于杭州市民崇尚爱心和奉献的心田，是城市精神的象征。

3. "双千结对"推动城乡统筹发展

杭州于 2005 年在全市范围内组织开展了"双千结对、共创文明"活动。活动开展以来，各结对文明单位充分发挥在精神文明建设中的示范带动作用，形成了以城带乡、城乡联动、共创文明的良好局面，截至目前，各级文明单位累计向结对村提供扶持资金 8032.17 万元，扶持物资价值 1945.89 万元，安排就业岗位 15063 个，开展思想道德教育 3115 次，技术培训 2890 次，交流创建工作经验 5448 次，为结对村修建道路 270 公里，桥梁 80 座，开发经济发展项目 1225 个，捐献各类图书 63.35 万册，组织开展文体活动 3971 次，有力地推进了社会主义新农村建设和城乡区域统筹发展。

4. "邻居节"引领文明和谐之风

邻里和谐是社会和谐的基石。2004 年 8 月，杭州市上城区青年路、下城区稻香园等社区群众自发开展邻居交流活动，市文明办等部门因势利导，在全国首创举办"邻居节"活动。"邻居节"突出"和"字，架起邻里交往的桥梁。开展"健康日、敲门日、互助日、欢聚日"活动，向邻居致以问候和祝福，营造温情融洽的邻里氛围；突出"乐"字，共享邻里温馨。组织"寻找当年老邻居"、"快乐邻里大会餐"、"社区趣味运动会"等活动，赢得了包括外国人、外乡人在内的社区居民的喜爱；突出"帮"字，促进邻里互助。开展"百场服务进百个社区"等活动，服务项目包括情感、教育、就业等咨询服务，方便市民生活；突出"德"字，提升邻里道德意识。开展"模拟道德法庭"活动，让居民对身边的行为作出道德评判，有效化解社区矛盾。《人民日报》、新华社、中央电视台、《东方早报》等中央和外省媒体进行了宣传报道。

5. "人行横道礼让"传递文明气息

杭州围绕"品质杭州，品质公交"的目标要求，结合"文明从脚下起步"教育实践活动，组织开展了"关爱生命、文明礼让、安全行车"主题活动，把公交车辆"人行横道礼让"作为提升公交社会形象的重要抓手，通过教育培训、制度建设、检查考核等措施，引导司机"开车不超速、酒后不驾车、斑马线上不争先，红绿灯前不抢行"。"人行横道礼让"活动不仅降低了交通事故率，强化了广大司机的文明礼让意识，促进了城市交通文明新风的形成，陆续被中央、省、市多家媒体专题报道，得到了社会各界与广大市民的充分认可。

6. 杭州打造数字化"平民图书馆"

杭州坚持"平民图书馆、市民大书房"的办馆方针，秉持"平等、免费、无障碍"和"有限资源、无限服务"的理念，着力打造一流的软硬件设施，让所有走进杭图的人都能享受到阅读带来的快乐；全新推出了"文澜在线"数字图书馆服务系统，探索出了一条平民化、网络化的办馆模式；实施了城乡一体区域整合的图书信息服务"一证通"工程，在国内首创联盟式的总分馆制，走上了全方位服务社会的办馆之路。以共享、联盟、多元为主要特征的"杭图模式"得到了中央政治局委员、中宣部部长刘云山同志的赞誉。

7. "西湖免费开放"折射旅游文明

2002年，杭州市委、市政府在实施西湖综合保护工程提升景区软硬件环境的同时，确定了"还湖于民"的目标，陆续将环绕西湖的所有公园景区拆除围墙、取消门票，免费向市民和游客开放，成为国内唯一一个不收门票的5A级旅游区和国家级风景名胜区。今年6月，杭州西湖文化景观正式列入世界遗产名录后，我市提出了"六个坚持"，作出了"六不承诺"。西湖免费开放不仅开创了中国旅游经济的新模式，而且实现了公共资源利用的最大化、最优化，赢得了全体市民和中外游客的赞誉。

8. 公共自行车引领低碳文明生活

2008年，杭州市委、市政府立足城市发展实际，采取"政府引导、企业运作"的模式，在国内率先建设公共自行车交通系统，并实行一小时内免费租用的惠民政策，通过"自行车－公交车－自行车"的交通模式有效解决了城市公共交通的末端出行难题，降低了市民出行的时间和经济成本。至2010年底，市区完成公共自行车租借服务点布点2419个、投放车辆6.06万辆，基本形成了5分钟公共自行车租借圈。杭州公共自行车交通系统以其高效便捷、绿色环保获得了社会各界的一致好评，成为市民文明出行、绿色出行的最佳选择，成为杭州城市一道靓丽的风景线。

四、深化文明城市建设的市民心声

文明城市创建工作是一项永无止境的惠民工程、民心工程，只有起点，没有终点。今后，我市将继续按照"全国文明城市"的创建标准，动员和引导更多的市民参与到深化全国文明城市建设中来，进一步巩固创建成果，深化创建内涵，拓展创建领域，提高创建水平，为全面建设小康社会、共建共享"生活品质之城"作出新的贡献。

参照《全国文明城市测评体系》要求，2011年初市统计局按照随机原则，抽取调查社区83个，每个社区调查20人。调查对象为居住在本社区时间满一年的16周岁以上居民，共抽取调查样本1660个。通过问卷测评归纳整理出市民对城市文明建设的意见和建议。

1. 深化文明城市建设的市民反响

在全国文明城市测评体系问卷调查的50多个问题中，有一部分问题市民满意度偏低，需要高度重视，切实加以改进。

（1）职能部门服务质量满意度低

市民对政府开展的反腐倡廉工作的满意度为58.4，与达标值相比差距最大。与达标值相比差距相对较小的是市政府部门及时处置突出公共安全事件能力，差距为2.9。（详见表1）

表1　市民对政府职能部门服务质量的评价

单位：%

内容	满意	基本满意	不满意	不清楚	满意度	达标值	差距
政府开展的反腐倡廉工作	21.6	44.2	16.6	17.6	58.4	90	31.6
政府所承诺的"实事工程"完成情况	20.4	51.5	9.3	18.8	63.2	90	26.8
政府部门行政效能	30.5	51.8	8.9	8.8	67.5	90	22.5
对本地网吧行业形象	13.8	35.4	14.1	36.7	55.4	70	14.6
政府提供的公共文化服务	38.5	43.8	4.8	12.9	74.3	85	10.7
对本市的义务教育工作	35.9	48.7	7.4	8.0	70.8	75	4.2
对本市的环境保护工作	37.0	52.9	6.7	3.5	71.2	75	3.8
政府部门及时处置突发公共安全事件的能力	34.8	50.7	5.0	9.5	72.1	75	2.9

注：满意度：采用5级量表赋值方法，首先将不清楚的数据剔除，再按五个评价级别依次赋1、0.8、0.6、0.3、0分值，再按五个不同级别人员比重加权计算得到的值（下同）。政府部门行政效能包括服务态度、办事效率和联系群众；政府提供的公共文化服务包括公共图书借阅、公益性文艺演出和公益性群众文化活动场所。

从表2来看，下城区有四项指标满意度达到目标值，分别为政府部门及时处置突发公共安全事件的能力、环境保护工作、义务教育工作以及网吧行业形象，其满意度值分别为80.8、81.0、81.2和72.5。其他各区指标均未达标。

表2　各区市民对政府职能部门服务质量的评价

单位：%

	达标	上城	下城	江干	拱墅	西湖	滨江	萧山	余杭
政府部门行政效能	90	69.4	78.9	67.6	66.5	66.2	61.0	69.1	60.4
政府所承诺的"实事工程"完成情况	90	64.3	77.3	61.5	62.0	62.0	56.4	64.8	55.1
政府开展的反腐倡廉工作	90	61.1	77.2	58.1	51.2	55.3	51.6	58.2	51.8
政府提供的公共文化服务	85	76.2	83.1	79.2	73.1	73.3	66.8	73.2	67.5
政府部门及时处置突发公共安全事件的能力	75	69.9	80.8	74.3	72.2	67.7	67.7	74.5	68.3
对本市的环境保护工作	75	72.8	80.0	73.1	69.6	71.1	66.0	68.8	67.0
对本市的义务教育工作	75	69.4	81.2	70.3	69.1	66.0	69.9	71.6	68.6
对本地网吧行业形象	70	55.0	72.5	49.1	50.7	56.8	44.7	58.4	52.6

（2）家庭美德认知度较低

"尊老爱幼、男女平等、夫妻和谐、勤俭持家、邻里团结"是每一个市民都必须遵循的家庭美德，回答的正确率为23.2%（比全国文明城市测评体系80%的标准低56.8个百分点），把它理解成"社会公德"的市民，占67.6%，理解为"职业道德"的市民占9.2%。从分区数据来看，家庭美德知晓率各区都未达到80%的目标值，萧山区知晓率相对较高，为40.2%。

表3　家庭美德知晓情况分区数据

单位：%

	总体	上城	下城	江干	拱墅	西湖	滨江	萧山	余杭
家庭美德	23.2	17.3	18.5	16.7	23.5	20.9	26.1	40.2	24.0
社会公德	67.6	76.6	76.5	77.4	70.0	67.3	62.8	53.3	55.0
职业道德	9.2	6.1	5.0	6.0	6.5	11.8	11.1	6.5	21.0

（3）道德模范事迹知晓率低

对近年来本市或区评选出的道德模范人物的先进事迹知晓率为73.0%（比全国文明城市测评体系80%的标准低7个百分点），其中非常了解的市民占9.9%，了解一些的市民占63.1%，不了解和不关心的市民分别占24.4%和2.6%。从分区数据看，下城区和萧山区已达标，知晓率分别为85.0%和81.5%，其他各区还未达标。

表4　道德模范人物先进事迹知晓情况分区数据

单位：%

	总体	上城	下城	江干	拱墅	西湖	滨江	萧山	余杭
知晓率	73.0	73.7	85.0	73.5	70.7	65.9	76.9	81.5	57.0
非常了解	9.9	9.1	27.5	7.1	8.1	8.2	3.0	11.0	5.5
了解一些	63.1	64.6	57.5	66.4	62.6	57.7	73.9	70.5	51.5
不了解	24.4	23.7	12.5	23.9	26.3	30.9	21.1	16.0	40.5
不关心	2.6	2.5	2.5	2.5	3.0	3.2	2.0	2.5	2.5

（4）社会活动参与程度不高

植树造林、法制宣传等活动能促进生态、法制、和谐社会的建设。在市里或社区组织的5项活动中，市民参与率相对较高的是倡导社会公德、职业道德、家庭美德、个人品德方面的教育实践活动，参与率为56.2%。参与率最低的是以诚信为主题的教育实践活动，只有49.2%的市民参加过。

表5　各项活动参与情况

单位：%

调查项目	经常参加	有时参加	没有参加	想参加无组织	参与率	国家标准值
倡导社会公德、职业道德、家庭美德、个人品德方面教育实践活动	17.4	38.8	32.2	11.7	56.2	
种植、认养、保护花草树木等爱绿、护绿活动	14.9	39.8	29.9	15.4	54.7	70
法制宣传教育活动	17.5	36.4	36.9	9.3	53.9	80
"全民阅读"活动	16.0	37.2	36.3	10.5	53.2	
以诚信为主题的教育实践活动	14.6	34.6	40.6	10.2	49.2	

（5）科普人文宣传有待加强

为普及知识、增强社区凝聚力，我市或社区开展一系列科普人文活动，但因宣传不到位，市民对此了解不多。调查显示，市民认为开展最多的是"低碳经济和低碳生活"等方面的宣传教育活动，比例为69.4%，其次是形式多样的邻里互助、社区联谊活动，比例为67.8%，安全用药宣传活动开展最少，比例为62.0%。

（6）食品药品安全仍需重视

58%的市民在本市的食品经营单位和集贸市场购买过变质、过期、伪劣的食品，其中5.5%的市民表示经常买到，52.5%的市民表示偶尔买到，35.1%的市民表示从未买到过，6.9%的市民对此不清楚。

问及"您在所居住的社区是否遇到或听说过有人兜售宣称有疾病预防、治疗功效的'健康产品'"时，17.1%的市民听说并遇到过，34.5%的市民听说但未遇到过，26.7%的市民未听说也未遇到过，21.6%的市民对此不清楚。

（7）社会不良现象需加大治理

当问及"您对本市近年来聚众赌博、卖淫嫖娼等社会不良现象的评价"时，34.3%的市民认为比较严重，23.2%的市民认为不严重，13.7%的市民认为没有，28.8%的市民对此不清楚。

2．深化文明城市建设的长效机制

（1）以强化舆论宣传为基础，形成人人参与的氛围

创建全国文明城市，需要全社会的参与和支持。一是要进一步调动全市各方面舆论宣传的力量，充分利用各种舆论宣传阵地，广泛开展宣传教育活动，最大限度地调动广大干部群众支持创建、参与创建的主动性、积极性。对公共场所道德、市民交通行为、重点地区城市面貌等存在问题进行曝光，对改进过程进行全程跟踪报道。二是要提出杭州创建全国文明城市的主题口号。不少市民认为近年来杭州的文明创建力度大，城市文明面貌有极大改观，市民素质也有了较大的提升。有市民建议多增设像"杭州因你而文明"的主题口号，能彰显出包容情怀，能唤起每一个"你"从我做起。三是通过电话彩铃唱响创建活动。创建全国文明城市的各种活动，尽可能做到家喻户晓。有市民建议，除了通过电视、报纸、网络等媒体宣传外，可联合电信、移动、联通等公司为市民免费开通创建全国文明城市彩铃，通过公益彩铃在办公室、市民家中响起，增强创建活动的宣传频率。

（2）以提高市民素质为重点，树立城市文明的形象

文明创建的核心是人，是全体市民，市民的文明素质高低对创建活动至关重要。一是从具体事情抓起，把道德教育融会贯通于一言一行之中。在加强思想道德教育的同时，还必须加强法规和制度建设，把创文活动纳入法制化轨道。将自律性的思想道德约束和他律性的法制约束相结合，逐步养成遵守城市文明规范的习惯。二是充分发挥市民学校的作用，在市民中普及《公民基本道德规范》《杭州市民"六不"行为规范》等知识，弘扬社会公德、职业道德、家庭美德，培养市民的公共意识和文明意识，从而提高市民及外来人员的文明素质，为创建活动提供强有力的保证。三是要加大惩罚力度，以法治人，以法管城，对那些违反社会公德的不文明行为，依据有关法规条例实施处罚，迫使其改掉陋习，养成良好的文明行为。

（3）以文明社区创建为载体，夯实文明杭州的基础

文明创建，关键在基层，活力在基层，重点在基层。要使创建工作常抓不懈，必须从社区抓起。通过加强社区文明建设，可以不断提高居民素质和文明程度，加强社会治安综合治理，保证人民群众能安居乐业，促进社会稳定和发展，有效地促进全市的文明城市创建工作。在创建全国文明城市活动中，许多市民建议要充分发挥社区在创建活动中的作用。一是要强化社区责任，使文明创建重心下移，实现创建工作进社区。社区居委会要把文明创建纳入日常工作范畴，明确专人，落到实处。二是开展多种形式的社区文明建设活动。通过开展文明新风进万家活动、组织志愿者义务劳动、社区助老爱幼等活动，让社区居民共享"文明成果"，提高市民的文明意识，从而增强市民参与创建文明城市活动的积极性。三是发挥社区对所在区域情况了解的优势，赋予社区对辖区内单位履行环境卫生责任制落实情况的督促权，提高责任单位的自觉性，协助城管部门管理好门前环境卫生、市政设施、花草树木和公共秩序，不断改善环境卫生面貌。

（4）以提升群众满意为根本，提高部门服务的质量

当前，市民对政府职能部门、"窗口"行业服务质量满意度普遍还不高。一是在政务服务水平方面，要加强机关作风建设，特别是要加强窗口行业干部的作风建设，构建良好的执政者与群众的关系，让市民亲身体会党和政府的便民、利民、惠民措施。二是要在长效规划管理上下工夫。文明城市创建只有常抓不懈才能抓出成效。市民意见最大的就是"为了迎检查，搞突击、一阵风。"要求"突击与持久相结合，决不可三天打鱼两天晒网。"建议制订明确的短期、长期规划，明确目标和实施步骤。同时，要进一步

落实"实事工程"，认真办一批人民群众看得见、摸得着的实事好事，让群众看到成效、得到实惠、感到温暖。三是完善目标责任制、分工负责制、协调管理制、检查考核制和监督奖惩制。从市委书记到街道干部，形成一条责任链，全市上下形成层层有人抓、事事有人管、项项有指标、限时必达标的组织网络和工作体系。

后　记

经常被同行误认为高效、高产，其实，每次动笔之前，总是忐忑不安，担心写不到点上，到编辑老师那交不了差，更怕浪费读者的时间。每次交"作业"后，又稍稍有点后悔，觉得自己用心不够，完全可以写得再好一点呀。但几年来，坏习惯一丝未改，文章也没多少进步。

在整理、回顾、反思中，欣然发现自己竟然为报刊写了20多万字的文稿了，此稿从中精选了一部分集中于杭州产业发展与社会进步方面的文章。

多数文章发表在杭州日报理论版，在为该版"热点面对面"写专稿时，张翼飞老师有个要求，先完成主稿，再写评论稿。刚开始觉得真难哦，写完了还要爬上一个台阶再写。但通过这样一种训练，能强迫自己多方位、多视角思考和观察问题。我把这些评论稿命名为"旋转的思维"，不知你是否能看出来，主稿与评论稿可是出自同一人之手噢。

写短文也要花不少时间。记得为了增强《斑马线前的公交文明》的写实性，放下笔走访了杭州市公交集团，仔仔细细听总经理介绍公交集团的监督措施，还有意和几位司机拉家常，了解司机的真实想法。在家更是和先生、儿子站在不同的立场，对城市的交通发表自己的看法。评论《斑马线文明　人人有责任》中，就总结出了"政府须加强监管，司机要敬畏生命，行人应增强自律"三点。

感谢中国社会科学院裴长洪所长热情为本书写序，感谢杭州社会科学院领导的支持，感谢张翼飞老师的悉心指导，感谢浙江工商大学出版社，感谢所有关心和帮助我的人！

周旭霞

2012 年 8 月于杭州